JN123671

TIPS FOR IMPROVING CLINICAL SKILLS IN BRIEF THERAPY

臨床力アップのコツ

ブリーフセラピーの発想

日本ブリーフサイコセラピー学会 編

遠見書房

▐ はじめに

　本書は，日本ブリーフサイコセラピー学会の編集により刊行されたものである。本書に先立ち，2020年には『ブリーフセラピー入門―柔軟で効果的なアプローチに向けて』が本学会編集で刊行されている。前書が入門・理論編であるとするならば，本書は応用・実践編として位置づけられる。

　本書の紹介や読み方については第1章に譲りたい。ここでは，日本ブリーフサイコセラピー学会について紹介させていただきたい。日本ブリーフサイコセラピー学会は，1991年5月に発足された「日本ブリーフサイコセラピー研究会」を前身としており，1995年4月1日より学会に改称された。伝え聞くところによると，当時の学会は20代から30代の若手が中心メンバーだったという。そのような若手が学会の会長や理事であったりしたのだから，さぞかし他学会からは「風変わりな学会」だと見られていたに違いない。

　しかも，学会の中では既存の理論などにとらわれずに，短期・効果的・効率的なアプローチを探求していくための自由闊達な議論が繰り広げられていたというのだから，まさに心理臨床の学会における「異端児」であったのではないだろうか。

　奇しくも，1994年に刊行された『ブリーフセラピー入門』（本学会の当時の中心メンバーらによって執筆された。前出の本とは別の書籍である）の中で，成瀬悟策先生は次のようにその本のことを紹介している。

　　「どの所論を取ってみても今日のわが国に流布されている心理治療の理論および方法の原理とは相容れないものばかりです。それこそまさに異端の書という他はありません」

　このように，「異端児」のような形で誕生した日本ブリーフサイコセラピー学会であるが，設立から30年の時が経た。そしてその間に，学会の中でさまざまな議論や研究が積み重ねられてきている。本書は，それらの集大成，いや，今後も発展し続けると言う意味ではあくまで「中間報告」と言うべきであろうか。

　読者が本書を読んだときにどのような感想をもたれるのか，その声が耳に届く日を楽しみにしている。

日本ブリーフサイコセラピー学会　第9期会長　久持　修

文　　献

宮田敬一編（1994）ブリーフセラピー入門．金剛出版．
日本ブリーフサイコセラピー学会編（2020）ブリーフセラピー入門―柔軟で効果的なアプローチに向けて．遠見書房．

目　　次

第1部　コツをつかむ

第5章　大学院生はいかにしてセラピストになっていくのか……　47

花屋道子

第6章　ボディ・マインド・リスニング……………………………　57

小関哲郎

第2部　私を育てる

第7章　わたし×システムズアプローチ……………………………　71

赤津玲子

第8章　育てる，育てられる，育つ……………………………………　81

岡留美子

第3部　師から学ぶ

第10章　宮田敬一先生から教わったこと──　包括的な訓練から導かれた「哲学」と「姿勢」…………… 101
長谷川明弘

第11章　森俊夫先生から教わったこと──　守り尽くして破るとも離るるとても本を忘るな ………… 107
長沼葉月

第12章　高橋規子先生から教わったこと──　「臨床家として生きる」ということ…………………… 113
安江高子

第13章　和田憲明先生から教わったこと──　先生が選んだ街にて ……………………………… 120
加来洋一

第4部　事例検討：ブリーフセラピーのものの見方

第14章　黒沢流のスーパービジョンで学ぶ ……………………… 129
黒沢幸子・近藤　進・木場律志

第15章　東流のスーパービジョンで学ぶ ………………………… 164
東　豊・近藤　進・久持　修

臨床力アップのコツ

第 1 章

臨床力アップに向けて

津川秀夫

▌ I　はじめに

　うまくなりたい。臨床の腕を上げたい。

　どんな問題でも改善できる力が欲しい。誰とでも関係をつくれるコミュニケーションの力も，現状を的確に見立てる力も，対話をつむぐ力も，思考の柔軟さも手に入れたい。欲張りすぎだろうか。いや，とにかく力をつけて人の役に立ちたいのだ。

　対人援助に関わる者が，臨床の力をつけたいと願うのは至極まっとうなことである。実力の裏付けがあるからこそ，目の前のクライエントに自信をもって関われる。その結果としてクライエントや家族からの信頼が得られる。腕を上げたいと思うのは誠実な姿勢であり，その思いが臨床家のこれからを導いていく。

　本書『臨床力アップのコツ：ブリーフセラピーからの提案』はタイトルにあるように，臨床の力をどうやって伸ばすかについて取り上げたものである。それは「うまくなりたい」と願う初学者や中堅臨床家に向けて，日本ブリーフサイコセラピー学会からの応援メッセージである。

　日本ブリーフサイコセラピー学会は，「より短期的・効果的・効率的な臨床サービス」を志向する者が集う学術団体である。学会創設 30 周年を記念して，2 冊の本の出版が企画された。1 冊目は 2020 年に発刊された『ブリーフセラピー入門：柔軟で効果的なアプローチに向けて』である。この本には，ブリーフセラピーの概説や歴史をはじめ，代表的なアプローチの紹介が収められている。「ちゃんと治るセラピーをはじめよう！」とエッジの利いた帯のついた本であるが，幸いなことに多くの方に読まれていると聞く。ブリーフセラピー各派の視座や技法が一冊で概観でき，それぞれが分かりやすくまとめられているのが支持されたのか

もしれない。

　『ブリーフセラピー入門』に続く2冊目が本書『臨床力アップのコツ』である。よい臨床サービスを実現するには，アプローチや技法が重要なのはもちろんである。しかし，どんなに優れたものであってもそれを使いこなせなければ意味がない。「何を使うか」だけでなく「誰がするか」が問われるのであり，どんなアプローチも結局のところ臨床家の腕に帰することを私たちは知っている。そこで本書では，学派やアプローチではなく臨床力に焦点をあてた次第である。

▌II　コツをつかむ

　臨床家として力をつけるためにはどうすればよいか。

　そのための答えはすでに用意されている。あなたが心理師（士）ならば，その養成のためのカリキュラムは大学や大学院に整備され，テキストが何冊も用意されている。医師であっても同様であり，看護師も保健師も，社会福祉士も精神保健福祉士も，幼小中高の教諭も，それぞれを養成するカリキュラムは整っている。さらなる上達を求めるならば，研修会やワークショップ，学術集会などがいくつもあり，現代では学ぶ機会に困ることはない。

　講義を聞き，本を読み，動画を見る。たしかにこれは学びの王道である。それに加えて，ロールプレイ，検査や面接の陪席，実習，スーパービジョンという体験による学びもある。これらを通して，それぞれの専門やその領域に必要な知識やスキルが学べるようになっている。とは言うものの，学ぶ機会があることと，身につけることは同義ではない。長いこと学んでいてもパッとしない者もいれば，あっという間にベテラン並みのスキルを習得してしまう者もいる。より効果的に，より効率的に知識や技術を身につけるにはどうすればよいか。その答えの一つがコツをつかむことである。

　コツとは何か。

　『広辞苑』第5版（新村出編，1998）には，「こつ（骨）」の⑦として次のように説明されている。

　　〈物事をなす，かんどころ。要領。ぐあい。呼吸。「―を呑み込む」〉

　コツは「骨」と書くように，もともとは背骨や大腿骨などの骨を表す。骨は身体を支え，身体を動かす要である。それと同じように物事をなすときの重要なポイントにも「骨」を遣うようになった。「コツがわかる」「コツをつかむ」「コツを

呑み込む」などは，骨そのものではなく比喩としての用法であり，勘どころや要領を意味する。何か物事をなすには勘どころがある。それを押さえると知識や技術の吸収が格段に上がり，物事をするときの効果や効率が著しく向上する。

　自転車の練習を思い出してほしい。はじめはサドルにまたがりペダルに足をのせるだけでも難しいことであった。ふとした瞬間にハンドルはあらぬ方向へと曲がり，車体はみるみる傾いていく。右足に力を入れてこごうとすると右に傾き，左足でこぐと転倒しかける。前に進むどころではない。進行方向を見て，ハンドルをもち，ペダルをこぎ，傾きを調整する。一度にいくつもの作業をしなければならない。風を切って颯爽と走るのは自分には永遠に無理な気がしてくる。本当に乗れるようになるのか。よろけ，足をつき，転び，あきらめかけ，それでも気を取り直す。これを何回繰り返しただろう。

　たまたまバランスが保て倒れない瞬間があった。それは偶然だったかもしれない。しかし，その偶然を何回か体験するうちに，何かがつかめそうな予感がする。何度か試し，失敗も成功もするなかで，終に「あっ！」という瞬間が訪れる。たしかに前に進んでいる。できた。ふらつきはするが，ペダルをこぎ続けても倒れない。この調子だ。気持ちいい。後はこれを身体に馴染ませていけばよい。

　多くの者がこういう過程を通して，自転車に乗るコツをつかんでいく。なかには，親に教えられて乗れるようになった者もいる。友だちと自転車で遊んでいるうちにいつのまにか乗れていた者もいる。補助輪をつけた自転車に十分慣れてから補助輪を外した者もいる。また，兄や姉の練習を見ていただけで乗れるようになった者もいる。

　できる人から習う。遊びやゲーム感覚で取り組む。スモールステップで進める。人の動きを観察する。このようにコツをつかむにはいろいろなやり方がある。いずれにせよ，コツが分かりそれを身体に馴染ませると，世界が一変してしまう。もう自転車に乗れなかった頃には戻れない。下手に乗ろうとしてもできなくなっている。

　「20世紀最大の臨床家」と称されるミルトン・エリクソン（Milton H. Erickson）も，人が何かを学び身につけるプロセスを重視していた。エリクソンは，ディスレクシア（dyslexia；読字障害）であり，文字の習得には人一倍苦労した。なかでも，数字の「3」とアルファベットの「m」の区別は難題であった。担任の先生がエリクソン少年の手に自分の手を添えてそれぞれを書いてみせてくれたが，それでもその違いを理解することができなかった。そうやって苦戦しているなかで，ある時，突然両者の違いが分かった。「3」は横に足を投げ出していて，「m」は自分の足で立っていた。文字の形を身体にたとえて理解したのだ。コツをつかん

だ瞬間，エリクソンは目もくらむような眩い光に包まれたという（Rossi, Ryan, & Sharp, 1983）。

エリクソンにとっての学びの原体験というべきものである。エリクソンはクライエントや学生に対してこの経験をしばしば語った。またトランスを誘導する際にも好んで文字の習得を題材にした。

　「あの絵の上の角をご覧なさい。…（略）…あの絵の角ですね。それでは，あなたにお話していきましょう。あなたが初めて幼稚園や小学校に行ったとき，文字や数字を学ぶのは大変なことでした。それは越えられない壁のように思えたものです。Aという字を覚えるのは簡単ではありません。OとQとを区別するのもそれはそれは難しいことでした。それから筆記体と活字体もずいぶん違っていて，それらを覚えるのも大変なことでした。けれども，そうやってあなたは何種類ものイメージを心のなかに形づくることを学びました。その時は気づいていませんでしたが，そのイメージはずっと心に残っています。それから中学校にあがって，単語や文のイメージをさらにつくっていきました。イメージを発展させていることを知らずに，次々に心のなかのイメージを増やしていったのです。そして，あなたはそれらのイメージを全て想起することができます……」（Erickson, Rossi, E. L., & Rossi, S. I., 1976）

催眠を希望する者に対して，エリクソンは視点を固定させ，それからアルファベットを習得した時の話を始める。これは注意の分割による誘導であり，幼少期の経験を喚起するものである。それと同時に，難しいことでもやりとげてそれがいつしか当たり前になること，そしてそれと同じように，他の課題（この場合は催眠の体験）もできるようになることを示唆している。

つまり，エリクソンが言いたいのはこういうことだ。あなたはこれまでにたくさんのことを学んできた。その経験はリソースであり，それを信頼し活かしていけばよいのだ，と。

アルファベットや数字，あるいは自転車の乗り方どころではなく，私たちは数えきれないほど多くのものを学んで身につけてきた。ブランコのこぎ方も，スキップ，鉄棒，キャッチボール，平泳ぎも，決して簡単なことではない。また，足し算や引き算をはじめ，掛け算九九，平仮名や片仮名，漢字も，相当な苦労をしながら身につけてきた。

今日これらが苦もなくできているのは，コツをつかんだからこそである。コツをつかむとは，言い換えれば，全体像の俯瞰であり，要素や条件の分析にあたるのかもしれない。また原理や法則の理解，共通点や差異の抽出，類推，動きの最

適化，自動化，等々になるだろう。

　あなたが面接のなかで使いこなしたい臨床スキルは何か。何ができるようになると，自分が上達したと思えるだろうか。

　人と人との相互作用を見立てることか。クライエントのフレーム（準拠枠）を把握することか。ミラクルクエスチョンを使えるようになることか。他にも，ジョイニングや合わせ，例外やリソースの引き出し方，外在化など，魅力的で有効なスキルはいっぱいある。

　あなたが心から望むならば，それらを実際に使えるようになっていくだろう。なぜなら，これまで学んできた経験がリソースとして活きてくるからだ。私たちはすでにコツのつかみ方を知っている。知っていることに気づいていないだけかもしれない。それらが本書を読むにしたがって刺激されてくるに違いない。

Ⅲ　本書の構成

　本書は，「コツをつかむ」「私を育てる」「師から学ぶ」「事例検討：ブリーフセラピーのものの見方」の4部からなる。臨床力アップに向けて，何が読者にとって役立つかと編集チームで頭をひねった所産である。

　第1部では，「コツをつかむ」として，「質問」「提案」「対話」「教育」「身体」の5つの側面を取り上げた。それぞれが面接に関連する事柄であり，そのテーマに最もふさわしい臨床家に執筆を依頼した。何をきっかけにしてコツをつかむは人それぞれだ。ある者はことばのやりとりを丁寧に見直すことからかもしれないし，またある者は，面接中の身体や表情のこわばりに疑問をもつことがきっかけになったのかもしれない。5つのテーマを通して，自身の臨床力アップの手がかりを探してみてほしい。

　第2部では，「私を育てる」として，3名の臨床家に自分自身の上達の軌跡を語ってもらった。3名ともに初めから「できる臨床家」だったのではなく，笑顔の下には自己研鑽の歴史がある。それぞれの学び方には共通点もあるが，むしろ違いの方が目立っている。自分の経験と重ねやすいものはもちろんであるが，そうでない学び方についても啓発されるところがあるはずだ。

　第3部では，「師から学ぶ」として，指導的立場にあった臨床家4名を取り上げた。ブリーフセラピーの領域では，腕がありまた指導力もある臨床家の名をあげるのは難しいことではない。そのような実力者のなかから，今回は若くして鬼籍に入った方たちに焦点を当てることにした。すなわち，宮田敬一，森俊夫，高橋規子，和田憲明の4名である。いずれも個性的で魅力的な人物であり，学会や後

進のためにもっと活躍してほしい方たちであった。本書では，その貢献を称えるとともに，彼らから学べることについて改めて考えてみた。

　第4部では，「事例検討：ブリーフセラピーのものの見方」として，黒沢幸子，東豊の両氏が近藤進氏に行った事例検討の逐語を収めている。これはオンライン事例検討会として，2021年2月に公開で行われたものである。先に黒沢氏がスーパービジョンを行い，その5日後に東氏が行った。黒沢氏と東氏は日本を代表する臨床家であり，その実力はともに折り紙付きである。両氏がそれぞれ何を見て，何を引き出そうとしているのか。スーパーバイジーとのやりとりを通して，ブリーフセラピーのものの見方を感じ取ってほしい。

Ⅳ　むすびにかえて

　ドイツ文学や昔話の研究者として著名な小澤俊夫氏の話である（小澤，2015）。

　小澤さんが子どもたちのためにクリスマスツリーを用意しようと庭にモミの木を植えた。植えた若木がすくすく伸びて，まだ小さいながらも綺麗な三角形になっていった。これを見て，クリスマスの頃には立派なクリスマスツリーになるだろうと小澤さんは楽しみにしていた。

　ところが，秋に植木屋を入れたら，そのモミの木の上部をバッサリ切ってしまって，何とも情けない姿になってしまった。聞けば，そうやって手を入れると強く育つということだ。しかし，小澤さんは「植木屋のやろう，余計なことをしやがった」とずいぶん腹を立てた。モミの木はみっともない姿になってしまったので，すっかり関心をなくして放っておいたそうだ。

　その後，しばらく経ってから，ふと気がつくとモミの木は元のきれいな三角形に戻っていた。しかも前より枝ぶりがよくなり実に美しい姿だ。小澤さんは大変驚き，モミの木のもつ力に感動した。それからこう考えたそうだ。

　モミの木には「俺はこういう形になりたい」という意思，つまり「形式意思」が備わっているのだ，と。

　この話は，私たち臨床家にもそのまま当てはまる。私たちも「こうなりたい」「こうありたい」という形式意思をもっている。これを解決像と言い換えてもよい。意識しているかどうかはともかく，一人ひとりが「なりたい自分」「ありたい自分」のイメージをもっている。そして，それにしたがって行動し，自分にとって必要なものを取り入れていく。

　さて，あなたは数多くの書籍のなかから，『臨床力アップのコツ』なる本を手に取って購入した。ということは，あなたには「上達したい」「腕をあげたい」とい

う形式意思が備わっている。

　あなたはどのくらいうまくなりたいのか。誰のようになりたいのだろうか。

　ある者はミルトン・エリクソンに憧れ，ジョン・ウィークランド（John Weakland）やインスー・キム・バーグ（Insoo Kim Berg）を目指す者もいるだろう。また東豊や黒沢幸子のようになりたいと願う者もいるだろう。あるいは，そのようなマスターセラピストでなくてよいから，目の前のクライエントを支えるだけの力が欲しいという者もいる。

　どんな臨床家になりたいか。何を身につけたいか。それは人それぞれ違う。しかし，「うまくなりたい」という形式意思をもっているのだから伸びていくのは間違いない。あなたはうまくなっていく。早かろうとゆっくりであろうと，安心して自分の歩みを進めればよい。

文　　献

Erickson, M. H., Rossi, E. L., & Rossi, S. I., (1976) Hypnotic Realities: The Induction of Clinical Hypnosis and Forms of Indirect Suggestion. New York; Irvington.
小澤俊夫（2015）昔話が語る若者の姿．駿河台大学論叢，50; 219-240.
新村出編（1998）広辞苑，第五版．岩波書店．
Rossi, E. L., Ryan, M. O., & Sharp, F. A. (1983) Healing in Hypnosis: The Seminars, Workshops and Lectures of Milton H. Erickson, Volume 1. New York; Irvington.

第1部

コツをつかむ

第2章

ブリーフセラピーがもたらす質問の知恵

遠山宜哉

▌I　「効果的な質問」は存在しない

　援助面接の場面には，あの時のあの質問が大きな転回点になったと考えたくなる質問というのがある。しかし，場面や状況を超えてそれ自体で効果的な質問というものは存在しない。

　道を歩いていると，何か書かれた紙が落ちている。そこには「お前が本当に求めているのは何だったのだ？」と書かれていたとする。読んだ男は立ち止まって考え始める。それが何かの転機になることだってあるだろう。ただ，それはその男がその質問を役立てたのであって，質問自体の力ではない。何かに行き詰まり，突破口を求めてさまよっていたことが，問いを生かす背景となっていたはずである。

　会話という文脈を欠いたこんな質問でも，誰が誰に投げかけたかわからないということ自体が一種の文脈をなして，質問に力を与えることもあろう。同じことを家族や友人に聞かれたら，その人たちとのこれまでのやりとりの歴史が，問いに素直に答えることを難しくしただろう。ここでもやはり，文脈があってこそその質問である。どんな文脈を準備して質問をするのか，それが大切であることをブリーフセラピーは教えてくれる。question（問い）も大事だが，要は questioning（問うこと）だということである。

　では何をどんな文言で問うかはどうでも良いのか。否。同じ文脈でも，何を問うかによって会話の展開が違ってくるのは明らかである。そして，問う人がどれだけ豊かな問い方の選択肢をもっているかが，そこで問われることになる。質問しないという選択肢も含めて，そこには広大な可能性の領域が拓けている。

Ⅱ　質問の否定的側面

　質問には功罪があるが，否定的な側面については心理学的援助の世界で特に議論されてきたことである。質問は面接に否定的な影響を及ぼすのでなるべくなら使わない方が良いという主張も少なからず見られ，実際，十分に耳を傾ける価値がある。

　この点について，かつて筆者は次のようにまとめたことがある（遠山, 2018）。

1）関係性を損なう怖れ
　①質問する人／される人という関係を固定化させる。
　②援助者とクライエントの間に距離をつくる。
　③援助者が関係において支配的になる。
　④質問の隠れ蓑（治療者が質問のかげに隠れる）。
2）クライエントを妨害する怖れ（内的思考の流れを遮断する）
3）クライエントを苦しめる怖れ

　ここでは詳述しないが，面接の中で質問するとしたらこうした否定的側面を念頭に，それでもなお問いかけるかどうかを考えねばならない。それには，1）質問をしない，ないし減らす，2）弊害を生まない工夫をする，3）否定的な影響を帳消しにするような肯定的な影響を目指す，という対応があろう。

　質問をしなければクライエントがみずから語ってくれること以外の情報が得られず，適切に援助できないのではないか，という懸念が出てくるだろう。その際に何を尋ねるか。「いつ頃から困っていらっしゃるんですか？」「睡眠は十分にとれていますか？」といった質問が次々に浮かんでくる。それらは面接者の枠組みが求めている情報を得ようとするものである。これらの問いには「私が援助の枠組みを持っているので，それに合わせた情報を提供してください。答えてくれたら，それに基づいて私が事態の打開に向けて力になることができます」という暗黙のメッセージを伝えていることになる。「そこを何とか踏ん張れたのは何があったからですか？」と尋ねて，「十分に踏ん張り切れなかったのは何のせいですか？」と聞かないとすれば，「何か前向きな情報を提供してください（否定的な情報はさほど必要ではありません）」というメッセージが伝わってしまう。

　つまり，質問は得ようとする情報を得るだけでは済まない。それは相手に影響を及ぼす行為であり，さまざまなメッセージを伝えずにはおかない。したがって，

どんなメッセージが伝わるかを推測し，それを踏まえた上で質問しなければならないが，ブリーフセラピーではそれを一歩進めて，暗黙のメッセージをも創造的に利用することを考える。活かせるものは何でも活かす，という精神である。

　なお，クライエントの話を情報としてとらえると，相互につながりあっている知識や経験が，聞き手の枠組みに合わせて解体されてしまう点には十分に留意しなければならない。それは単なる「情報」ではない。

Ⅲ　ミラクル・クエスチョンで行われていること

　解決志向アプローチが提唱したミラクル・クエスチョンを例にとって，そこで何が行われているのかを考察してみよう。著者は以下のように使っている。

> 　夜遅くなってあたりが暗くなり，一日を終えたあなたは寝床に入ってお休みになるでしょう。すっかり眠ってから奇跡のようなことが起こって，ここに来て下さることになった件がすっかり良くなってしまうとします。でも，あなたは眠っているのでそんなに良いことが起こったことに気づきません。明日の朝，目が覚めて一日の生活が始まったとき，どの段階で，どんなことから，そんなことが起こったことに最初に気づくことになると思いますか。

　長い質問である。しかし，これが会話の中に新たな変化をもたらすことが知られており，他方ではクライエントを戸惑わせ混乱させる危険もはらんでいる。したがって，適切に問うためにいろいろな工夫が考えられてきた（伊藤，2021）。以下では，この質問でなされていることを細かくみておこう。

1.「奇跡」のもたらすもの

　この質問の核となるのは「奇跡」を導入していることである。奇跡とは，定義から言って，原因がないのに良い結果がもたらされることである。何も工夫や努力をしていないのに事態が好転するという結果だけが得られたら，という設定をしていることになる。困り事については脇に置いておくわけだから，クライエントが戸惑うのは無理もない。

　しかし，それをあえて尋ねるのは，今，私たちが立っている困り事の地平から，理に適った手段でこうして，こうして，こうなる，というように考えることには限界がある，という理解に立つからである。現実はもっと不可解であり，理屈を超えたものである。それは事例を挙げるまでもなく，たとえば不登校だった生徒

が突然，元気に登校し始める例に多くの教師が遭遇しているだろう。なぜ，元気になったのか，わかりそうで実はわからない。そうした合理性の限界を突破するのが，良くなってしまっている地平に立って考えてみる方法なのであった。問題はその地平へと跳躍するのは簡単ではない点にある。理屈から導き出せないからである。奇跡という装置を導入し，睡眠中にそれが起こるという設定をしているのは，この跳躍へとクライエントを誘い出す工夫の一つである。

2．最初に気づくことへの注目

　奇跡が起こったのだから，どんな荒唐無稽な想像が出現しても不思議ではない。ところが，実際には目が覚めたら億万長者になっていると語るクライエントはいない。ただ，困っていたことが良くなっている様子を語りたくなるのは人情である。実際にそれは起こる。それは，問題を語ることの裏返しである。「Aのことで困っている」話が「Aが解消して楽になっている」話になっても，内容はあまり変わらない。そこで，「奇跡に最初に気づくのはどんなことから」という質問になる。つまり，悩み事が好転しているのを現認する前に，変化に気づくことができるのではないか，それはどんな些細な，現実的なことに現れるだろうか，という視点へとクライエントを誘うのである。ここで視野は生活全体へと広がる。

　眠りから覚める朝の風景は，今朝もそうだったあの風景である。そこに違いを見出すというのは，奇跡という大げさな舞台装置にしては不釣り合いなほど微視的な視点を求めている。こうして，手の届きそうな現実的具体的な違いを想像することで，会話を通して希望を生成することに結びつく。

　なお，微視的な視点で現実の些末なことを想像するのは放っておいて起こることではない。そこで聞き手はクライエントを励まして，もう少し具体的なところを教えて欲しい，と問いを重ねる工夫が求められることになる。聞き手としても，その奇跡後の違いがどんなものなのか，視覚的イメージを共有したいという思いで興味津々に尋ねる。それが語り手をさらに語ることへと導くことになる。ミラクル・クエスチョンが豊かなものになるかどうかは，この部分で会話がいろいろに展開されるかどうかにかかっており，聞き手はすぐにわかったつもりにならないことが大切である。この作業は，聞き手とクライエントの協働的な関係を創るのに寄与することになる。

3．クライエントに合わせる工夫

　ミラクル・クエスチョンは答えるのに大きなエネルギーの要る酷な質問である。文脈を踏まえ，クライエントに適した問いかけをしなければ弊害ばかりが大きく

なってしまう。

　まず，クライエントが将来のことを語れる状態にないと，とても浮わついた問いに聞こえるだろう。あり得ないことを想定しても仕方がない，と言われればもっともだからである。会話の局面によって質問に適したタイミングもあれば，そうでないこともあるということである。最初はほとんど無視された質問でも，面接の後半になって同じ質問が豊かな会話を生むこともある。

　想像力を駆使するためには，それなりの動機づけが必要になる。たとえば，クライエントの興味や関心に応じて「奇跡」を「魔法の杖」にするといった小道具の置き換えも一つであるし，冒頭で「これからちょっと変わった質問をしたいのですが」と前振りをして一定の期待をもってもらうのも工夫であろう。想像をたくましくしてもらうのだから，じっくりゆっくり尋ねることも必要だろう。こうした質問のカスタマイズは，援助的会話にとって何より重要なことであり，それがうまくいかないようなら，あえて質問する必要はないと考えた方が良い。

4．会話を続けること

　ミラクル・クエスチョンで解決像を描き出す，という表現がなされることがある。この表現は，創造された願わしい世界像が，共に目指すべきゴールであるかのように受け止められかねない点に注意しなければならない。面接でゴールを詳細に具体的に詰めて定式化し，それをもとに，まず何から手がけるかを交渉していくといった行動科学的な思考に立っているわけではない。むしろ，クライエントにとって願わしい世界とは何かについて，さまざまに語ってもらうこと自体を目指していると考えるべきである。ナラティヴ・セラピーの立場に立つFreedmanとCombs（1993）は，クライエントは問いかけに答える中で新たな経験をするのだという。質問を通して自らの願いに形が与えられ，それが新しい体験を生むのである。

▌Ⅳ　問いに埋め込まれているもの

　言語哲学者の入江（2020）によれば，「どのような発話であれ，聞き手が受け入れてくれなければ，会話はそこから前に進まない。従って，質問に対する返答を含めて，どのような発話であれ，聞き手がそれを受け入れてくれるかどうか問う暗黙的な質問になっている。この暗黙的な質問が，会話を継続させるように機能している」（p.178）という。質問をここまで広く考えると議論が拡散してしまうが，このようなことが言えるのは，私たちの会話のやり取りが語用論的な意味

での推測によって成り立っているからである。つまり，会話において文字どおりの意味は一つの手がかりに過ぎず，語られたことばから相手が推測した意味だけが伝わることになる。したがって，その推測内容と話者が完全にコントロールすることはできない。聞きたいことがあって質問したのに，予期せぬ回答が返ってくる経験は誰にでもあろう。その推測をあらかじめ読み込んで問うように努めることが，意図を伝えるためにわずかにできることであり，言外に思わぬことが伝わってしまうことは極力避けねばならない。

　たとえば，質問には前提が幾重にも含まれている。それを自覚していることが必要なのはもちろんであるが，さらにその前提を間接的なコミュニケーションとして活用するところにブリーフセラピーの知恵がある。ミルトン・エリクソンは前提を含んだ語りかけをよくした（O'Hanlon, 1987）。たとえば，「Aの方から良くなっていくと思いますか，それともBの方が先でしょうか」という問いでは，「良くなっていく」ことが前提になっている。こうした間接的コミュニケーションでは，「いいえ，私は良くならないでしょう」と前提を覆すのが難しくなり，それをとりあえず受け入れて考えを進めやすくなる。

　もっと細かな文言でも違いは現れる。将来のことについて，「万が一，そんな風に良くなったら」と仮定するより，「そんな風に良くなったときには」という風に，より高い実現可能性を前提として聞き方を選ぶことはできる。聞き手自身がそうした前提を自然に受け入れていれば無理なくできる選択であり，聞き手自身の思いや考え方，度量などが問われることでもあろう。

　文体に関しては中動態の議論も参考になる。私たちは文法で能動態／受動態という区別を学んだが，歴史的にはその前に能動態／中動態という区別があった（國分，2017）。「する／される」という次元で言語を理解しようとしないあり方のことである。逆に，能動態／受動態の世界では，ある行為が誰のものなのか，責任は誰にあるのかを常に意識させられる。そうしたことばのあり方に往々にして苦悩の種が隠されている。つまり，責任の所在を意識する文体から離れた会話，そして思考が，援助場面で新たな体験を生むことが期待できるのである（遠山，2021；横山，2021）。ナラティヴ・セラピーでいう外在化する会話はその一つの形であり，「学校に行けないのはなぜなのでしょう」と問うのではなく，「学校に行くのを妨げているものは何なのでしょう」と問う。学校に行く／行かないはあなたの意志と責任であるという，文体に埋め込まれた前提を外してみると，新しい視野が開け，新たな語りが生まれる。「どう考えますか？」に代わって「どのような考えが浮かんできますか？」と問うことにさほど違和感を覚えないように，日本語に馴染みやすい問い方も可能である。隠された前提を敢えて排除した文体

で問うことは，会話に新たな可能性を開くだろう。

V　質問の多様性を増すために

1．文体の工夫

　質問というと疑問文が想起されるが，疑問文を作ればそのまま質問になるわけではないし，その逆もまた同じことである。「ちょっとそれを取っていただけませんか？」は疑問文の体裁だが，依頼に過ぎない。逆に依頼文で，実質的に質問の機能を持たせることも可能である。

　神田橋（1994）は初診の患者に来院理由を尋ねる場面で，「きょうこちらに来られるようになったわけを，まず，きかせてください」と話しかけると言う。趣旨は同じでも「きょうこちらに来られるようになったのは，なぜですか？」という質問をするのは最も悪いとし，問診の最初から疑問文を使うのは，問う人と答える人という関係を作ってしまい，口頭試問のような雰囲気を生み出すから避けるべきであるとしている。問いかける文体として疑問文しか知らないよりは，いつでも複数の問いかけが選べる方が私たち自身が自由になれる。疑問文は答えることを強いるニュアンスがあるので，それをいくらかでも緩和することを考えた方が良い場面は少なくない。

　同じ内容でも疑問文を避けるとすれば，上述のように「聞かせてください」という依頼の形にする他，「〜はどうなんだろう，と思って聞いていました」というように，依頼すらしない表現も可能である。

　援助面接での問いは，まずはクライエントの内的思考が活性化するように働きかけ，結果として会話が可能性に満ちたものになることを願うものである。したがって，クライエントからの反応がすぐに得られなければ意味がない，というわけでもない。場合によっては，最初から回答はなくても構わないという質問もありうる。質問にはかならず前提が含まれ，ある角度からあるテーマについて考えることを求めるという枠組みが織り込まれているので，それが伝わっていれば一定の機能を果たすだろう。「日々のちょっとした危機をいつもどう乗り切っておられますか」という問いは，面接場面を離れても，乗り切りつつある人生の局面にリアルタイムで目を向けることができるようになる可能性を高める。どうしても回答がなければ困るというわけではない，ということが伝わりさえすれば，質問はそこに置いておくというような，投げかけておくだけでも良いことになる。

　また，問いかける人間が，みずからの思考の軌跡をことばにしながら，行きつ戻りつ尋ねるというあり方も興味深い。いわば「問いながら生成される質問」と

言えるものである（遠山, 2021）。たとえば,「こういうことなんでしょうか。それとも, 逆にこうなのか。どういうことがあり得るのか, どんな関係になっているのか, という点からはどんなことが言えそうですか？」といった, 調査用の質問票などでは決して使えないタイプの質問がクライエントの探索を刺激することもあろう。

2. 仮設（的）質問

ミラクル・クエスチョンでは,「奇跡が起こる」という現実的でない想定をした上で, そこに現れるイメージを協働して探求していくという形をとっている。こうした質問を筆者は仮設（的）質問と呼んでいる（遠山, 2019）。

この形の質問では, 設定することが現実的なことであっても, 非現実的なものであっても構わない。死者に語ってもらっても良いし, 動物や植物や空や風が話しても良い。あるいは, もっと抽象的な"あなたの気がかり"が語るといった形のものでも良い。どんなことについて語るかも問いかけ次第である。

この形の質問は自由度が高いので, クライエントに合わせた設定が可能であり質問に関心をもってもらえるように構成することが比較的容易である。また, 会話としてはクライエントがこれまで働かせたことのない思考回路を経験してもらう契機になりやすく, 問う側にとっても理屈を超えた意外な展開をすることがあるという意味で会話の可能性を豊かにするだろう。

ただし, 荒唐無稽すぎる設定に拒否感をもつクライエントもあるだろうし, 逆にその想定に過度に揺さぶられてしまう恐れもある。また, 想定に基づいて考えるのはエネルギーを使うことでもある。したがって, 慎重に, しかし互いの興味に基づいて進められる状況を選ぶ必要がある。

▌Ⅵ　問いを通した協働

ミルトン・エリクソンは, クライエントの考えや思いの枠組みをとらえ, 嗜好や趣味, 価値観を踏まえて効果的な語りかけを行ったが, それは動物的とも言える鋭い観察に基づいていた。質問においてもこうした観察は重要である。

どんな質問がもっともクライエントの答えたいことなのか, どの状況でどのような質問をするのがもっとも抵抗なくかつ創造的な会話につながるのか, 質問は疑問文で良いのか, 回答は求めなくても良いのか, 質問をすること自体は適切なのか, といったことを常に考えることになる。問う人は思考の柔軟性と質問の豊かな選択肢を備えている必要がある。問う人の限界が質問の限界を生み出すし,

問う人の可能性が質問の可能性を拓く。

　他方，問う人がクライエントに強い興味と関心を持っていれば，質問を介してクライエントと協働しやすい。共に探索しつつ語るということが良好な関係性を生み出し，この人の質問だから考えたいということにもなる。

　何かを強く求めている人にとっては，偶然に拾った紙片に書かれていた質問もきっかけになる。面接はそのような問いとの出会いが生まれる可能性を少しでも高めようとするものである。クライエントは，協働の関係性を力にして，さらなる探索に挑む力を発揮できるようになるだろう。

文　　献

Freedman, J. & Combs, G.（1996）Narrative Therapy: The Social Construction of Preferred Realities. New York; Norton.

入江幸男（2020）問答の言語哲学. 勁草書房.

伊藤拓（2021）ソリューション・フォーカスト・ブリーフセラピーの効果的な実践に関する研究：誤った実践に陥らずに解決構築するためのポイント. ナカニシヤ出版.

神田橋條治（1994）追補精神科診断面接のコツ. 岩崎学術出版社.

國分功一郎（2017）中動態の世界：意志と責任の考古学. 医学書院.

国重浩一・横山克貴編著（2020）ナラティヴ・セラピーのダイアログ：他者と紡ぐ治療的会話，その〈言語〉を求めて. 北大路書房.

O'Hanlon, W. H.（1987）Taproots: Underlying Principles of Milton Erickson's Therapy and Hypnosis. New York; Norton.（森俊夫・菊池安希子訳（1995）ミルトン・エリクソン入門. 金剛出版.）

遠山宜哉（2018）いかにして好奇心を伝えるか：援助面接における質問の弊害とその対処. ブリーフネット，19; 21-33.

遠山宜哉（2019）仮説的質問とその可能性. ブリーフサイコセラピー研究，28(2); 76-79.

遠山宜哉（2021）新たなことばを生み出す質問の工夫：日本語によるナラティヴ・セラピーの逐語的検討. 岩手県立大学社会福祉学部紀要，23; 79-86.

横山克貴（2021）ナラティヴ・セラピーの外在化する会話を「中動態の世界」の議論と響き合わせて. えぬぱっく小誌（ナラティヴ実践協働研究センター），2; 36-76.

第3章

方法としての「提案」

菅野泰蔵

▌ I　ノープロブレムという立ち位置

　この仕事をする上で，基本認識は重要であろう。たとえば，私が思うに，私たちのやるべきことは治療ではない。治療と認識する限りは，クライエントには何らかの問題や欠陥があり，それを治すという「修理モデル」に依拠することになる。

　これに対して，クライエントにはべつに問題や欠陥がないという立ち位置がある。ブリーフ業界ではわりと普通の見解になっているようではあるが，作業仮説のレベルにとどまっているきらいもある。しかし，「問題とは，問題と意識されるから問題となっているに過ぎない」とウィトゲンシュタインが言うように，決して作業仮説ではない。

　20代から30代，もともとものごとを批判的にとらえることが得意な私は，クライエントの問題を把握し，「この人のここが修正されれば良くなる」と考えがちだったように思う。その頃，ケースは良い方向には向かってくれないことが多かった。

　けれども，現場経験が20年近くなったころには，クライエントの良いところばかりが見えるようになっていた。この人にはこんなに素晴らしいところがある，だからきっとうまくいく。この人が立ち直らないわけがないというふうに思えるのである。すると，ほとんどがいい方向に向かっていく。もちろん，その人や他の人が欠点や短所としているものが見えないわけではない。しかし，どうもそちらは大事なことではない。

　問題，欠陥，短所といったことばの周辺にはいつも罠が仕掛けられている。

　たとえば，自分に「自信がない」と嘆く人がいるとして，カウンセラーはこの

人がなぜ自信がないのかを探り，最終的に自信をつけるにはどうしたらいいのかを考える。しかし，それこそが「自信をつけたい」と願うクライエントともどもに罠にはまってしまう志向というものだ。

　そもそも，「自信がない」と嘆く人たちのほとんどがしていることは，自分の短所と他人の長所との比較なのである。それが確認されれば，自信を持つことではなく，そのような不公正な比較をしないようにするのが筋というものだ。彼が自信をつけなくてはならない理由など実はどこにもない。しかし，問題や欠点にとらわれていれば，ついつい大きくてダイレクトな変化を目指したくなるのである。だから，もうひとつ考えなければならない。「変わる」というのはどういうことか？　と。

II　変化の諸相

　唐突だが，社会的なデモを例にして考えよう。中国や韓国での反日デモ，欧米でのLGBTデモなど，世界ではデモは日常的なことだ。一方，日本ではそうでもない。日本人の多くは「デモをしても何も変わらない」と考えている向きがある。そう考える背景には，デモには，そのコストに見合うだけの報酬や成果があるべきだが，日本ではそれが得られないという感覚があろう。デモをしたところで何を変えられるわけではないと。

　しかし，「デモをしても何も変わらない」という考え方は，「変化」に対するステレオタイプによるものではないだろうか。

　このような，いわば報酬・成果論とは異なり，デモをすることで，「デモをしない社会」から「デモをする社会」に変わるという考え方がある。何もしなければ何も変わらないが，何かをすれば確実に変わるものがある。単純な因果論から離れ，より大きな文脈に視点を置けば，そこには確かな「変化」が見て取れるわけである。

　たとえば，「僕の人生はもう詰んでるんです」と語る青年がいる。今さら何をやっても希望はないと。だから，何もしないと。

　確かに，彼の人生で，この先彼が望むようなものをゲットできるかはわからない。しかし，それでも，「何もしない自分」から「何かをする自分」になることはできる。「何も変えようとしない自分」から「何かを変えようとする自分」になることはできる。

　あきらめている人，あきらめてしまう人とは，何かをやるには相応のものを手に入れなければならないと考えているのだろう。そうでなければ，やった甲斐が

ない，意味がないと思っているのかもしれない。目的を達成するのは別に悪いことではないが，その前に重要なのは，何かをすること，行動すること自体なのである。目的，成果という花実に目を奪われずに，その前の土壌（コンテキスト）に着目しよう。そこにこそ変化の芽，変化を生み出す契機が潜んでいるのだ。

クライエントの問題や欠陥，短所を積極的に見ている人は，大きな文脈，異なる文脈が見えにくくなる。かつての私もその陥穽にはまっていたのではないかと思うし，変化ということに関しても，一義的にしか見ていなかったような気がする。

その後私は，本人が望まない限り，一般的な意味で考えられている「変化」をクライエントに望むことはしない。私の行う「提案」が，クライエントが変わることを目指すのではなく，取り囲む状況が変わることを目指すというひとつの理由がここにある。また，認知面ではなく，行動面にかかわるのも，「何かをする」こと自体に変化の芽を見い出しているからである。

すなわち，クライエントの変化をダイレクトに求めるのではなく，変化を生み出す契機を創り出すこと，クライエントがそのコンテキストの中にあるようにと注力する志向が提案という方法となったのだ。

Ⅲ　提案の事例

さまざまな理屈を述べるには紙数が足りない。あとは事例をいくつか紹介し，私のやっていることが，いかに簡単で，特別なものではないことを読み取っていただこう。

事例1．わざと間違ってみよう

Rさんは29歳。おとなしそうな感じで，若干おどおどした印象である。彼はいつも他の人からどう思われているのかが気になると言う。

「結局自信がないんだと思いますが，仕事でもミスするんじゃないかといつも不安なんです。怒られたらどうしようとか，いつまでも子どもみたいなんですけど」

興味深いことに，「失敗不安」に駆られる人というのは，実は大きな失敗をしたことがない場合が多い。これまで失敗しないできたからこそ，「いつか」の失敗を怖れることになる。そして，その結果いつも慎重に事を進めるので大きな失敗をしないというわけである。カウンセリングの目標は，ほんの少しでもいいから，人の思惑を気にしないようになること，もっと図々しくなってみようという

第3章 方法としての「提案」 **33**

ことである。

とりあえず私は，上司がどういう人かを聞いた上で，次のような提案をしてみた。

「Rさんはミーティングの議事録をつくる担当だと言ってましたね。今度，議事録をチェックに出すとき，どこかに小さな間違いを入れ込んでみませんか？ たとえば，15日という日付を14日にしてみるとか」

「ええっ！ わざとやるんですか？」

「そうです。でも，大きな問題にはならない箇所にです。誤字ひとつでもいいかもしれません。上司は細かいところまでチェックする人なんですよね？」

「ええ，誤字とかも見つけると思います」

「それならさらに安心です。見つけてもらわないと困りますからね。R君，ここんとこ間違ってるよと言うくらいのものでしょう，たぶん。でも，見逃してしまう場合もあるので，そのときには，PCのデータを見直したらここが間違ってましたと後で報告するのがいいと思います」

「はあ，わかりました。やってみます」

で，その結果は？ 後日の面接。

「勇気を出して，一字だけ誤字を入れて提出してみました。席に戻ったら，課長が，お～い，ここが間違ってるぞって言ってきまして」

「ほう，見つけるもんだなあ。で，どうしたんですか？」

「はい，すぐ直しますと席を立ちかけたんですけど，いいよ，いいよ，俺が直しとくからと言われました」

「ほう，やっぱりねえ。で，感想はどうですか？」

「はい，やっぱりそれくらいのことでは怒られないんだなあと思いましたね。その後も課長の様子を見てたんですけど，別に機嫌が悪いということもなくて」

こんなことであっても，経験，体験がこの人にとっては大切である。次の課題は，友人との待ち合わせでわざと遅れてみることになった。

事例2．笑いの研究

コミュニケーションが苦手なGさん，裏を読むとかの憶測はやめることにし，そういうふうに努力はしているが，どうしても長年の癖がでるらしい。無理もない。もともと妄想とまではいかないが，関係念慮が強いのである。

「最初のうちはしかたありません。でも，ずっとやっていると身についていくものですよ。それに，いま相手の裏を考えてしまったなあ，そうしないようにしないとな，と考えるようになっただけで実はかなり変わってきているんですよね」

「ああそうか，そう言われてみるとそうですね」

　Gさんがとくに気になるのは人の笑顔とか笑い声である。自分に向けられるものもそうだし，女子高校生が大声で笑い合っているところなどを見ても，嫌な気持ちになるらしい。彼にとって，人の笑いとは自分へのあざけりのように思えてしまうのだ。

「じゃあ，今回は笑いについて突っ込んで考えてみましょうか。たとえば職場であなたが違和感を覚える笑いというのはどういうものなんでしょうか？　あるいはあなたが違和感を感じない笑いというのはどういうものでしょうか？」

「そうですねえ，あまり深く考えたことないですが，嫌な笑いというのは，人をバカにしてるようなやつですかね」

「ああ，それは嫌ですよね。それって嘲笑というものじゃないかと思います」

「チョウショウ？」

「こういう字を書くんですがね……ああそうだ，次回までに笑いにはどういう種類があるのか，調べてきてもらえませんかね」

「ああ，でも何で？」

「だって，すごく気になることじゃないですか。あなたにとって，笑う人は警戒すべき敵みたいなものですよね。敵のことをよく知るためには，そういうことも必要だと思ったんです」

「なるほど，やってみます」

　ということでGさんは笑いの種類について詳しく調べることになった。で，次回，かなり明るい表情でGさんは語った。

「いやあ，驚きました。笑いといっても，いろんな種類があるんですね。冷笑なんていうのは私の上司がいつもやるし，嫌味な感じの先輩の笑いはいつもだいたい薄ら笑いです。隣のおとなしい女の子は，ときどき一人で小さく笑うんで気持ち悪いなと思ってたんですが，あれは思い出し笑いなんじゃないかと。職場では，この間の嘲笑というのはあまりないですね」

　なかなか的確な分類である。

「今回の研究をしてみてどう思いました？」

「こういう分け方をしてみると，面白いし，何だか大人な感じがしました（笑）」

「ちなみに今の笑いは？」

「苦笑い？　かなあ（笑）」

　と言って，二人で呵々大笑したのであった。

事例3. 俳句は訴える

　30代半ばのB子さん夫妻は，ほんとうは仲がいいのだが，ケンカが多い。そんな夫婦である。聞けば，高校の同級生で，当時からの付き合い。もう長いので慣れきってしまい，お互いに遠慮がなくなっているのかもしれない。遠慮は不要であっても，配慮は必要だが，そちらが欠けているのかもしれない。夫は言う。

　「とにかく，妻はキレるとひどいことになるんで，それだけはやめてもらいたいと思うんです」

　「そんなにひどいんですか？」

　「ええ，もう。ことばが汚くなって，テメー，バカヤローとか言うんです」

　「本当ですか？（と妻に聞く）」

　「はい……恥ずかしいんですけど，スイッチが入るというんですか……でも，この人はいつも言い訳ばかりしてくるんで，それがその……」

　「火に油を注ぐんですね？」

　「はい（と消え入るような声）」

　詳しく聞いてみると，直近のケンカは結婚記念日の前日だった。当日は夫が出張だったので，妻はその前日に祝いたいとご馳走をつくって待っていた。ところが，夫から部の送別会があるからとのメール。まず，そこでカーッとなった。そして，夜遅く，いい気持ちで酔って帰った夫に罵声を浴びせたわけである。夫は言う。

　「会社の付き合いは大事ですからね。それに朝出かけるときに帰りの時間を聞かれましたが，そんなことになってるとは知らなかったんです」

　妻としてはサプライズ的な気持ちだったらしく，何とも不幸なすれ違いである。

　さて，どうすればケンカが減らせるか，二人の関係がよくなるのだろうかと考えつつ，いろいろ聞いていくと，奥さんは学生時代に日本文学を専攻し，以前は高校で国語の講師をやっていたことがあるとわかった。しかも平安時代が好きだったという。

　「奥さん，元国語の先生がテメーとか汚いことばを使うのはどうかと思いますね。そこで，提案ですが，今度からご主人をなじるときには五七五に乗せてやりませんか？」

　「それってどういうことですか」

　「たとえば，〈ばかやろう　メールするなら　早くしろ〉とかですね」

　「ああ，俳句形式ということですかね？　でも，それには季語がないですね」

　「ああ，そうか。これじゃ川柳ですね。でも，奥さんなら上手なのができるんじ

ゃないですか？」

　ということで，奥さんは試してみますと言って帰った。俳句や短歌などに縁の
ない理系の夫はひじょうに怪訝そうな表情だったが，彼をフォローする時間はな
かった。

　1週間後，奥さんはニコニコしながら句を披露してくれた。

　「師走の夜　ひとり待つ身の　さびしさや」

　怒りは寂しさに変わった。素養のない夫に代わり，私が返句を贈った。

　「帰りたや　妻の待つ家　師走の夜」

　妻は慟哭し，夫は小さくうなった。これは見本，次からは君の役割だからね。

Ⅳ　おわりに

　クライエントに託す部分の多い提案とは，ある意味で無責任な方法ではある。
どんな結果がともなうのかよくわからない。ほとんどの専門家は，こうすれば
こうなるだろうという予測性と，面接をコントロールしているという実感を持って
いるだのろうが，私にはあまりない。なぜなら，私が理想とする面接とは，展開
や結果が自分の思い通りになることではなく，自分の予測や想定を超えてくれる
ことにあるからだ。

　「そんなことがあるのか⁉」と誰もが驚くような展開や結果。私の面接にはそれ
が多いようである。

第4章

ダイアローグ

白木孝二

I　はじめに

　本稿では「対話」ではなく「ダイアローグ」ということばを使いたいと思います。理由は，ここのところ日本では「対話」ということばが安易に用いられ，いわば乱用されていると感じるからです。社会のさまざまな領域で，人と人から国家間までのスケールで，コミュニケーションや相互理解の問題が顕在化していることからか，対話が何かのマジックワードのように商品化，商標化され，「（なんでもかんでも）対話をすれば何とかなる」みたいに使われていることへの懸念からです。

　また，ここではダイアローグ一般ではなくて，フィンランド発の Open Dialogue（オープンダイアローグ；以下 OD）と Anticipation Dialogues（未来語りのダイアローグ；AD）のダイアロジカル・アプローチ，あるいはダイアローグ実践と称されるものに限って，そこに共通する哲学と臨床姿勢，ユニークなダイアローグの捉え方と構造などについて，私が学んだことを紹介してゆきたいと思います。

II　ダイアローグについて

　物理学者のデヴィッド・ボーム（Bohm, D., 2004）によれば，dialogue はギリシャ語の dialogos を起源としています。logos は "the word" あるいは "meaning of the word" で，「言（ことば）」あるいは「（ことばの）意味」です。dia は "through"「～を通して，を通じて」という意味であって，よく誤解されているような "two; 2" あるいは "duo；デュオ（デュエットにあるような）" ではないのです。さらに「ダイアローグ」の本来イメージは，"a stream of meaning flowing among and through us and between us"（「我々の中で，我々を通し，そして自分たちの間で（に）生じ，進み，続く，意味の（絶え間ない）流れ」）とも書いています。まさに，流れゆくプロセスのことです。

　日本語で「対話」は「向かい合って話すこと，二人で対談すること」（これはむしろ，duologue と呼ぶべきかもしれませんが）とされ，形式や形態上のことを意味しがちで，ボームが言うような dialogue が持つ，コンテキストとプロセスを重視した動的な意味合いとはかなり違っているように思います。

　私は，「ダイアローグは，それぞれの参加者が，他者の声に応答して，それに続け，重ねる形で自分の声を繋いでゆくという，一連の流れだと捉えられる」と考えています。また，他者の声に耳を傾けることで，自分の（すでに抱いている）考えや見方が変化すること，それを望ましいとすることも，重要なポイントだと思います。他者の声に触れ，耳を傾け，影響を受け，自分（そしてお互い）が変化することによって，それまでにはなかった新たな声と意味が現成してくるはずなので。

　また，「他者の声に触れ，影響を受け，変化しあう」ことは，セラピストにとってこそ重要なのだとも思います。クライアントや家族の声に触れ，耳を傾けるうちに，セラピスト自身の認識や理解，感情も不可逆的に変化してゆくということです。セラピストとして，自身がダイアローグによって影響を受け，変わってゆくことの意味を認識し，ダイアロジカルな臨床的姿勢を持つことが重要なはずです。OD の開発者とでもいうべきヤーコ・セイックラ（Jaakko Seikkula）が言うところの "becoming dialogical" の一面なのでしょう。

Ⅲ　ダイアローグを主人公とし，エージェントとすること

　OD の基本原則に，a）ダイアローグを生み出し，展開させること自体を目的とし，それが治療の最も重要な側面と考える。b）ミーティングの目的が解決（策）に至ることとは考えず，意図しない。c）全員が自分の声（ヴォイス）で話し・語り，それに耳を傾けることが重要だと考える（セラピストはそのための，工夫，サポートに努める）。d）そういったプロセスから，ダイアローグの成り行きとして，（結果的に）解決（策）が出てくる，変化が起こり始めると考える――というものがあります。

　「ダイアローグはそれ自体が（それ自体で）新たな意味を生み出し，生成するものであるので，セラピストは質問や介入によってダイアローグをコントロールしようとせず，ダイアローグを命ある活き活きしたものにするために，絶えずクラ

イアントの声に合わせて変化し順応しなければならない」ともされています。ダイアローグを主人公とし，それ自体がダイアローグを展開させてゆく推進力だと考えるのです。変化のエージェントはセラピストではなく，ミーティングの参加者でもなく，その空間で生起し展開するダイアローグそのものだということです。

　他のアプローチのセラピストの課題は，クライアントや家族にとっての解決（策）を目指すことですが，ダイアロジカルなセラピストにとっては，（オープンな）ダイアローグを展開・促進させること，そういった空間・場を提供し維持することが中心の役割なのです。

Ⅳ　セラピストからダイアローグのファシリテーターへ

　ダイアローグ実践であってもそのコンテキストとしては，OD は地域精神医療であり，AD は教育や福祉現場での複合的支援なので，当然のこととしてクライアントや家族の治療，状態の改善，福祉の促進を目指すことが，携わる者の役割，責任になります。

　ただ，ダイアローグ実践のミーティングにおいては先に述べたように，解決策，支援方針を構築することよりも（ではなく），ダイアローグの展開を優先するべきとされています。解決（策）や支援（方針）の構築を（直接，拙速に）目指すよりも，まずはクライアントや家族，そして関係者によるダイアローグを十分に展開させるべきだと考えるのです。そして，そのプロセスを通してこそ，結果的に変化や改善が現成する（はずだ）という発想なのです。

　ダイアローグ実践（のミーティング）においては，セラピストは（クライアントの治療者・支援者としてよりも）ダイアローグの展開を促進させる役割，つまりダイアローグのファシリテーターとしての役割をとることが重要だと考えるのです。ダイアローグのファシリテーターとして自身を位置づけ，その役割を意識して行動すべきだというのは，クライアントや家族のセラピスト・支援者であろう／になろうという気持ちを持ちすぎると（診断・アセスメント・治療プラン・解決策構築に向けたインタビューになってしまい），そのことがダイアローグの広がりを阻害してしまうことが危惧・懸念されるからです。

　セラピストからダイアローグのファシリテーターへとの意識をシフトさせておくことが becoming dialogical，そしてクライアントや家族の役に立つ「セラピスト」である／になることにつながると私は考えています。

Ⅴ　ハーモニーよりもポリフォニーを

　ポリフォニーとはもともと音楽用語で，多声音楽とも言われ，複数の異なる声部がそれぞれ異なるピッチとリズムを持つ旋律を奏でることです。ダイアローグ実践では，このポリフォニーが重要とされ，「ハーモニーよりもポリフォニーを」などと唱えられたりもします。

　ポイントとして，①複数の，多様な声を聴くこと，取り入れること，振り返ること，想像すること，予想することが，個人の内的ダイアローグの源となる。②ミーティングでそれぞれが多様な声を発することがとても重要。③ミーティングでそれぞれが，他者の多様な異なった声を聴く，耳にすることはさらに重要。④他者の声を聴くことは，聴いているものに影響を与え，その在り方を変化させる。⑤そのためには，他者の声を聴こう，耳を傾けよう，影響を受けることを許容するという姿勢が必要，ということが挙げられています。

　また，ポリフォニーを重視・尊重することは，「他者性の尊重」あるいは「他者のユニークな他者性に敬意を払う」ことでもあるとされています。他者性の尊重とは，他者の自分と異なる経験，見解，感情，言語と行動の在り方をユニークなものとして受け止め，それに敬意を払うこと。他者の他者性を尊重するべきであるからこそ，そこに（オープンな）ダイアローグが必要となる，という発想です。

　OD・ADのミーティングでは，コンセンサスや（狭義の）合意形成，意見集約を目指したりせず，多様な，さまざまに異なった視点，立場からの声や見解が提示され，それらが並存し，それぞれの独自性が等しく尊重されることが重要だとされています。ハーモニーよりもポリフォニーを！　なのです。

Ⅵ　ダイアローグ実践の留意点

1．聴くことと，話すことを分けること：トム・アンデルセン Tom Andersen から

　話す人と聴く人を分ける，話す時と聴く時を分けるということです。ミーティングにおいては，誰か一人が話し，それ以外の人はその声に耳を傾けるということが，ダイアローグ実践の基本マナーです。

　一人ひとりが自分の声で話すことが妨げられることなく保証されるためには，誰かが話している間は，他のメンバーは全員その声に耳を傾けている（口を挟む

ことなく黙って聴いている）ことが，条件になります。もちろんこれはセラピストだけでなく，参加メンバー全員に尊重されるべきマナーです。話を聴いている間に，内的ダイアローグが活性化されることがありますが，それを声に出す（外的ダイアローグにする）ことは，その話がひと段落するまで待つことがエチケットになります。これは，自分が自分の声で区切りまで話すことを尊重されることを，立場を変えて保証するためでもあります。ミーティングの最初にセラピストが参加メンバーにこれを説明し，ダイアローグの基本的マナーとして，理解と協力を依頼しておくことも重要です。

2．聴き話すこと（時・場）と，決めること（時・場）を分ける方式：フィンランド・ロヴァニエミ（Rovaniemi）市議会の運営方式から

　話を聴き，話すこと（機会）と，何かを決めること（機会）を分けるという発想です。話をし話を聴くときはそれだけに限定しその場では，何かを判断する，あるいは決めるという作業は行わない。そして十分に話をし話を聴いた後に改めて時間・機会を設けて，何かを決め，計画を立てる作業を行うということです。
　これは私が，ロヴァニエミで AD コーディネーターを務めていた，ユッカ・アンテロ・ハコラ（Jukka Antero Hakola）氏から学んだことです。このことによって，ロヴァニエミ市の議会運営がダイアロジカルになり，非常に効率化されたとの話でした。

　①それぞれの議員が自分の考えや主張を述べるだけの，議会（他の議員はそれを聴くだけ）が開かれる。
　②1カ月後再び，市議会が招集され，（前回からの経過を踏まえた質疑，討論の上）方針決定，決議の作業が行われる。

　セラピーや支援という枠で考えれば，当然のこととして，何らかの判断や意思決定が必要となる場合があるでしょう。もちろんダイアローグ実践の場合は（十分なダイアローグの展開の後に）クライアントや家族など関係者の参加のもとで，共同作業のプロセスとして行われるのですが，セラピストとしては「ダイアローグのフェーズ」と「判断・意思決定のフェーズ」を明確に区別し，自らの姿勢と役割の認識を切り替えてミーティングに臨むことが重要だと，私は思います。

Ⅶ　ダイアローグ実践の特徴；社会的ネットワークの視点（Social networks perspective）

　クライアントの生活の現場・文脈とネットワーク・コミュニティを重視し，治療ミーティングにはクライアント，家族，さまざまにつながりのある人々を招くべきだという視点です。

　「心理，精神的な状況，行動上の問題はクライアントの生活の場で，彼／彼女を取り巻く人々との関わりの中で起きている。したがって，治療や支援には，そういった場，状況，経過（ヒストリー），コンテキストを十分に考慮することが，必要かつ重要になる」という考え方です。補足的に言えば，クライアントがさまざまな困難を抱え，表現していたとしても，それを個人の問題（脳，認知，感情，行動）だけに還元したり，関係性や他の生活上の要因と切り離して考えたりしないということです。ケネス・J・ガーゲン（Kenneth J. Gergen）の著書，"Relational Being" と軌を一にする考え方でしょう。

　OD や AD では，クライアント（当事者）や家族に加えて，親族，近隣や友人，学校，職場，関わりのある関係者など，さまざまに縁とゆかりがある人たちが（サポート・ネットワーク，治療・援助システムのメンバーとして）ミーティングに招待されます。もちろん，「誰を招くか？」「いつ，どこでミーティングを行うか（家庭，公共の場，クリニック etc.）？」などは，クライアントや家族の希望を優先して，柔軟に決められるのですが。

　クライアントや家族のニーズに応じて，アウトリーチを基本とし，複数（多数）のネットワークメンバーを招いて，セラピスト・チーム（2〜3人）でミーティングを行うという形態は，外来の相談室で個別面接を中心とする従来のセラピーとはかなり異なっています。こういった支援の形態やシステムの違いへの対応も，ダイアローグ実践を活かすための課題になってくるのかもしれません。

Ⅷ　「ダイアローグ・モード」と，「問題解決モード」を分けて考えること

　ダイアローグ実践の在り方を明確にするための仮の対比軸として，クライアントや家族が抱えている問題や困難を解決，改善しようとする姿勢を「問題解決モード」，参加者とのポリフォニックなダイアローグの展開を目的とし，直接的にはそれを問題解決の方策，手段とは考えない姿勢を「ダイアローグ・モード」とし

てみました。

　ODをはじめとするダイアローグ実践におけるセラピストの役割，課題は「ダイアローグ・モード」を続け，拡げることであり，「問題解決モード」で臨む場合とは異なるとの考え方です。

　このあたりのスタンスの違いは，あまり理解されておらず，その区別について表立って議論されることもなかったように思います。「ダイアローグを生み出し，展開させること自体を目的とする。解決（策）に至ることを意図しない」というダイアロジカル・アプローチの基本的考え方と，問題解決志向の発想との違いを意識し，区別して臨むことが，ダイアローグ実践を目指すセラピストにとっての大きな課題になるかもしれないと思います。

　実践的には，ダイアローグ（フェーズ）と判断・決定（フェーズ）とを意識的，物理的（時間，空間，セッティング）に分けることで，2つのモードの干渉，混同を避けることができるだろうと私は考えています。ロヴァニエミでの，ダイアローグ・フェーズと意思決定フェーズを分ける方式が，市議会と行政運営を大きく効率化できたように。

IX　ダイアローグへの invitation 招待としての 質問とリフレクティング

　ダイアローグ実践においては，他のアプローチの場合とは異なって，セラピストの質問を，自分に必要な情報を得るためのツール，鑑別診断やアセスメント，仮説検証の手順とは考えないということです。質問は，参加者にもっと話してもらうための誘い，期待，きっかけとして考えようということです。彼ら（の話）への関心，興味を表すためであり，話を聴いてもらっている，応答してもらっていると感じられるようにということでもあります。質問は「あなたの話をもっと聴きたいので話してください」というダイアローグへの招待だと考えるということです。その意味では，質問というよりは問いかけととらえた方がいいのかもしれません。

　またリフレクティングを，「間接的な形で，自分の理解や判断を語る手段，専門家としての見解や方針を伝える方策」としないことが重要だと私は考えています。これも，参加者にもっと話してもらうためであり，彼らの声に率直な形で応答するということです。

　介入的意図を持って，さりげなくアドバイスや治療メッセージを伝えようとすることではない，と考えるのです。質問もリフレクティングも，参加者にダイア

ローグを続けてもらうための，きっかけや誘いだと考える，ということです。

X　ダイアローグを展開させるための，オープンな質問（問いかけ）

　ここで，ダイアローグ実践で用いられる質問，あるいは問いかけを紹介しておこうと思います。これらは，あくまでも参加者とのポリフォニックなダイアローグへの招待として，その展開を期待して問いかけるものであって，治療や支援のための情報収集やアセスメント，介入プランの材料を手に入れるためのものではない，ということを改めて強調しておきたいと思います。

1．ODミーティングで，最初に用いられる質問（問いかけ）の例：

　「今日このミーティングに集まっていただくことになった経過について，（どなたか）話してもらえますか？」

　「どういうことで，このミーティングを開くことになったのかについて，皆さんの考えを聴かせていただけますか？」

　「このミーティングをどんな風に使えれば，この時間でどんなことができれば，いいと思いますか？」

　「最初に話したい，話してみようと思われているのは，どなたでしょうか？」

　「どんな形で・どんなことから，（このミーティングを）始めるのがよさそうでしょうか？」

2．ADで，本人，家族などの当事者ネットワークメンバーに対しての問いかけ：

①将来の時点での，現在の状態について（The thought of the present in the near future）

　「今は○年○月○日です。1年が過ぎました。そして皆さんご家族に関する（をめぐる）事柄はいい状態になっています」

　「その（好ましい状況）なかでも特にうれしく思い，いいなと感じるのは，どんなことでしょうか？」

②自分が何をしたか，何が役立ったかの回想（Recalling what one did and what was helpful）

　「（今は1年後の○年○月ですが）ちょっとこれまでのことを，思い出してみてください」

「改善に繋がったことでは，あなたはどんなこと（行動や工夫）をしましたか？」
「何が，その進展を可能にしたのでしょうか？」
「あなたは（そのために，それに関して）どんなこと（努力・配慮）をしたのですか？」
「どんな人（たち）が，どんな風に，あなた（方）をサポートしてくれたのでしょうか？」

③心配事とその軽減（Worries and their lessening）
「1年前にあなたが心配していたのは，どんなことでしたか？」
「その心配を減らし，小さくしてくれたのは，どんなことでしたか？」
「特に何が，あなたの懸念を軽くしてくれましたか？」
「あなたは，その懸念を減らすために，どんなことしたのですか？」
「支援者との関係（彼らの援助・行動）で，心配を減らすのに役立ったこと，繋がったことは？」

3．最近私が強く惹かれているイギリス発祥のPTMF（Power Threat Meaning Framework）の基本的な問い：

＊ What has happened to you?
「何があなたに起こったのですか？」「あなたに（あなたの身に）どんなことが，起こった（起こっていた）のですか？」
＊ How did it affect you?
「それは，どのようにあなたに影響しましたか？」「あなたは，それから，どのような（どのように）影響を受けましたか？」
＊ What sense did you make of it?
「あなたは，それをどう理解しましたか？」「それは何を意味すると思いましたか？」
＊ What did you have to do to survive?
「あなたは生き延びるために，何をしなければならなかったのですか？」「切り抜けるために，どんなことをせざるを得なかったのでしょうか？」

4．私が良く使うオープンな質問の例：

もう一つ，私が良く使うオープンな質問の例を挙げて起きます。たいていの場合，これだけの質問を組み合わせるだけで十分にダイアローグが展開するはずです（これ以外の質問を控える方がむしろ，ダイアローグが損なわれない気もしま

すが）。

①「今，ここで，お話しになりたいこと，取り上げたいことは？」
②「よければ，それを話そうと思った理由を教えて下さい」
③「具体的な出来事や経験があれば，話してください」
④「もう少し詳しく，聴かせてもらえますか？」
⑤「それは，どんな体験だったのでしょうか？」
⑥「あなたは，その体験をどう捉え，理解していますか？」
⑦「ここまで話してみて，思ったこと，考えたことは？」
⑧「この先，どんな風に進めましょうか？」

XI　おわりに

　フィンランド発のダイアローグ実践から学んだことを，その哲学と臨床姿勢，実践上のポイントなどを紹介してきました。中でも，セラピストからダイアローグのファシリテーターへの認識の移行と「ダイアローグ・モード」と「問題解決モード」を分けて考え，対応することが，非常に重要な転換点になるのでは，と私は考えています。「臨床力アップのコツ」に結びつけるために，何らかの形で参考にしていただければと思います。

　　文　　献
Bohm, D.（2004）On Dialogue. Routledge.
Boyle, M. & Johnstone, L.（2020）The Power Threat Meaning Framework: An Alternative to Psychiatric Diagnosis. PCCS Books.
Gergen, K. J.（2009）Relational Being: Beyond Self and Community. Oxford University Press.
ODNJP（2018）オープンダイアローグ：対話実践のガイドライン．精神看護，3; 105-132.
Seikkula, J., & Arnkil, T.（2014）Open dialogues and Anticipations: Respecting Otherness in the Present Moment. National Institute for Health and Welfare.
Seikkula, J.（2011）Becoming Dialogical: Psychotherapy or a way of life? The Australian and New Zealand Journal of Family Therapy, 32(3); 179-193.
白木孝二（2016）開かれた対話─セラピストのあり方．臨床心理学，15(5); 540-543.
白木孝二（2017）オープンダイアローグという会話のつぼ．Ｎ：ナラティブとケア，8; 20-26.
白木孝二（2017）フィンランドからのもう一つの贈り物：未来語りのダイアローグ．精神療法，43(3); 339-345.
白木孝二（2019）オープンダイアローグを心理支援に活かすには．臨床心理学，19(5); 512-517.

コツをつかむ

第5章

大学院生はいかにしてセラピストに なっていくのか

花屋道子

■ I　はじめに

　本章では，大学院生がいかにしてセラピストになっていくのか，教員として限られた期間そのプロセスに立ち会う立場から，ある大学院生との間で展開された，学びの場におけるもがき・あがきの物語をご紹介する。それが読者の臨床力アップとどのようにつながるか問われると困ってしまうが，誰にも今日に至るまでの物語があるはずで，今回のご紹介が一つの刺激となり，読者自身のここまでの歩みと，何が自分をこの仕事に引き留めているか思い起こしていただけたら，そしてそれが歩みを進める上で少しでもお役に立てば，と願うばかりである。

　臨床心理士養成課程は大学院の2年間のみだが，Aさんは，その期間でずいぶんセラピストとして頼もしくなったと私が感じた大学院生の一人である。大学院生が多くのエネルギーを注ぐのは，①ケースカンファレンス（以下，カンファレンス）への参加と事例発表，②修士論文の作成（指導教員とマンツーマンでの課題研究），③付属相談機関における相談担当とスーパーヴィジョン（以下，SV）であった。私の在籍当時は，この他臨床力アップのためのカリキュラムとして，エンカウンター・グループのファシリテーター・トレーニングにも注力しており，そのための個別SVとカンファレンスにも精力的に取り組んでいた。

　私はAさんの研究指導を担当しており，通例研究指導教員は相談担当のスーパーヴァイザー（以下，SVer）を外れるが，相談室利用者の増加や，上級生からの担当引継ぎの時期に他の大学院生が調子を崩すといった事情が重なり，Aさんは当該大学院史上最も数多くの相談事例を担当することになった。それにより，異

例ではあるが，私もＡさんが担当する一人の相談事例について，Ａさんの SVer を務めることになった。

　かくして私は，大学院での学びの三本柱ともいえるカンファレンス，課題研究，および SV の各々において，その貴重な時間をＡさんとともにする機会を得た。Ａさんの中にこれらがどのように位置づいているか調べることを企てた私は，各々について PAC 分析（内藤，1997, 2001）を実施することをＡさんに提案した。この分析では，ある対象についての個人の態度構造が，連想項目間の関係を示す樹状図として表され，視覚化されるので，成長がより具体的な事実になると思ったし，それを見ながらさらにことばを紡ぐことによって，本人にいっそう強く自らの成長が実感されると考えたのである。私の誘いかけは，それ自体が私からＡさんへの間接的賞賛という意味合いを持っていたが，Ａさんは，「なんだか責任重大」「発表（されること）自体は大丈夫ですけど，十分に言語化できるかどうか心配」と言いながら，快く承諾してくれた。

　以下では，「カンファレンス」「課題研究」「SV」のそれぞれに関して，析出されたＡさんの態度構造を示すとともに，それぞれに関連してＡさんとの間で起こっていたことを紹介していく。教示は，「○○（○○には，「カンファレンス」「課題研究」「SV」がそれぞれ入る）に関して，あなたが考えること，感じることはどんなことでしょうか。どんな行動をしたいと感じたり，実際に行動したりするでしょうか。頭に浮かぶイメージやことば，生じる反応などについて，思いついた順に書いてください」とした。その後，想起された連想項目間の類似度を評定してもらい，この評定値から作成される類似度距離行列に基づいてクラスター分析を実施し，樹状図を得た。これら一連の調査手続きは，Ａさんが大学院２年生の秋に実施している。

❚ Ⅱ　「カンファレンス」をめぐって

　図１は，「カンファレンス」に関するＡさんの連想項目と，析出された樹状図，およびＡさん自身によるクラスター（以下，本文中では CL と表記）解釈と命名である。

　CL1 には知的好奇心や学ぶ意欲が表れる一方，CL2 には，それらを満たすためにＡさんがしていることや，その場に求めていることが表れており，いずれもカンファレンスに参加する上で大切にしていることである点が共通していた。CL1 では参加者の立場で気負いなく学べているのに対して，CL3 は完全に事例発表者の立場となっているが，いずれも自分の担当している相談事例に関することとい

本人による クラスター命名	想起順	重要順	内　容	距離
クラスター１： カンファレンス の意義・面白さ	10	1	事例について考えるのが面白い、興味深い	1.00
	7	4	教員からの質問や感想がとても役立つ、意義深い	1.73
	19	7	新しい発想を得たときのわくわく感、ケース理解の面白さ	5.35
	1	2	臨床の学びの場	1.00
	9	3	事例について他の人の意見も交えながら学べる、臨床に携わる上で大切な授業	4.00
	13	6	SVerとのケース理解にとどまらず、他の教員・院生からの意見・指摘をも	1.00
	11	11	らえることは自分にとってもクライエントにとっても重要	7.12
	5	10	カンファレンスでの学びを自分のケースにいかそうと思う	2.00
	3	13	クライエントの臨床像をイメージする場	3.27
	12	15	見立て・アセスメントに専門的知識が必要	8.29
			ケースを持つようになって、話題についていきやすくなった感じ	
クラスター２： 学びたい・共有 したい、そのた めにしているこ と・この場に求 めること	6	5	面接におけるセラピストの意図を質問・確認し、そこから学ぶことができる	1.00
	17	8	吸収	2.52
	4	9	素直に思っていることを話す・質問する	6.24
	2	12	事例の概要を全員で共有する	1.00
	15	14	活発な議論が展開される場であってほしい	1.73
	14	21	事例について、提供者からもう少し詳細な情報を欲しいときがある	15.73
クラスター３： 事例提供者とし ての自分が感じ ていること	20	16	ケースについて説明するときの言語化の難しさ	1.00
	8	17	自分が事例提供者のとき、教員・院生からの評価が気にかかる	1.00
	16	19	緊張する	1.00
	21	20	焦り	3.82
	18	18	いたらなさへの無力感	15.73

図１　「カンファレンス」に関するＡさんの連想項目とクラスター分析結果

う点では共通しているとのことだった。CL2 には参加者としての自分，CL3 には事例発表者としての自分が表れているが，いずれの立場にあっても自ら感じたことの言語化に努め，他者との活発な議論を望み，率直であろうとしているという。

　大学院2年生の時点でこのように話すAさんが，そもそもはどのような人だったのか紹介しておきたい。出会った頃のAさんは，ひとことで言うなら「善意の塊」であった。学部時代を教員養成課程で過ごし，心理学専攻学生というよりは，学校の先生のような朗らかな雰囲気とエネルギッシュさを備えた，明るい声の持ち主で，まだ教わってもいないのに天性のリフレーミング術が身についていて，あらゆるネガティブな事柄を，あっという間に，オセロのようにぱたぱたとポジティブにひっくり返してしまう。面倒なことを頼まれても，相談事を持ち掛けられても嫌な顔ひとつせず，やる気に満ち溢れていて，「いつでも出動準備できてます！」「いつでもいけます！」といった様子の人だった。ただ，「いつでもいけます！」に対して，《どこへ？　》と尋ねると，「わかりません!!」という返事が元気に返ってきそうで，方向さえ決まればすぐにも走り出しそうなAさんに対して，その後私はだいぶ長い「待て」を指示することになる。

　今回登場してもらうにあたり，Aさんと連絡を取って執筆の構想を話し，あらためて許諾を得たが，その他にも話すことは互いにたくさんあり，仕事の近況や現在の職場で実現したい計画，大学院時代の思い出話などに花が咲き，気がつくと都合4度もオンラインミーティングをもっていた。大学院時代，私がAさんに言ったことで，私自身はすっかり忘れているようなことも，Aさんは非常によく憶えていた。

　Aさんによると，リフレーミングの天才であるAさんに対して私は「ブリーフ」を禁じ，「あなたは認知行動療法を学びなさい」と言ったそうだ。言われてみれば確かにそんな憶えがある。ネガティブなものをポジティブに置き換えるAさんのあまりの素早さに，どこか真正なものでない匂いを嗅ぎつけ，ネガティブなものを抱えられないバランスの悪さがあるのでは，と疑っていた。もしもあのときAさんに「ブリーフ」を伝授したなら，どこまでも他者の良さに目を向けたいAさんのこと，きっとすぐに気に入ってくれただろうが，私としては脆い土台の上に何かを築く気にはなれなかった。「認知行動療法ならいいの？」と言われてしまいそうだが，やる気いっぱいだがやや考えなしで，先に身体が動いてしまうAさんには，勘や思いだけで突き進むのではなく，理論的枠組みや型のあるアプローチをじっくり学ぶことを勧めたかった。ひたすら前向きでエネルギッシュなAさんの吸収のスピードを，もう少しゆっくりとしたものにしたいと考えていたのだと思う。その後の展開はというと，これもAさんから聞いたことだが，それから数

カ月経ったあるとき,「そろそろいいんじゃない」と, 私がＡさんにブリーフを学ぶことを許す日が訪れたのだそうだ。

　さきに触れたファシリテーター・トレーニングでは, 学部学生をメンバーとする複数のグループに大学院生が各々ファシリテーター（以下, Fc）として入り, 3日間のプログラムが実施された。週休日を利用した集中講義だったので, 1日目と2日目は土・日連続実施, その後3日目まで1カ月ほど間隔があいていた。最初の2日間はどのグループも同じ課題を実施し, メンバー個々の動きやリーダーシップのあり方など, グループの特性をFcが見立て, 3日目までの間にFcと私が個別SVを行って, 3日目はグループにどのような体験を用意したいか聴き取り, そのための課題選定をした。エンカウンター・グループにもさまざまな考え方があり, Fcをリーダーと呼び, メンバーと一線を画す存在とする立場もあるが, 当方で追求していたのは, 進行役としてグループの外側にいるFcではなく, メンバーの一員として自らも可能な限り純粋な存在でい続けようとするFcであった。

　大学院1年の秋, Ａさんは初めてFcを務めた。メンバーである学部学生の中には, Ａさん同様グループ初参加の学生もいたが, 参加3, 4回目となる学生も含まれていた。他メンバーの発言を上手に拾い上げ, 発言の少ないメンバーに発言を促すなど, Fcの役割をとる学生がメンバーの中から出現する様子を目の当たりにしたＡさんは, 素朴にメンバーの力に感嘆し, 大満足で1日目を終えた。2日目にはグループの発達段階が進む中での自然な流れとして, ネガティブな面を含む率直な開示がメンバーからなされる局面が増えてきたが, Ａさんはそのような開示に出会うたび, どうにかせねばと休み時間に気になるメンバーのそばに座って話しかけるなど, フォローに追われた。3日目までに実施した個別SVで私はＡさんに, メンバーはそれぞれ否定的感情を持ち, それを尊重してもらう権利があること, そしてFcであるＡさんにとっても事情は同じであることを伝えた。3日目がどのようなものになったかは, 全プログラム終了後に実施されたカンファレンスでのＡさんの発表で明かされたが, Ａさんは, ともするときれいな方に持っていきたくなる気持ちと, それに抗おうとする気持ちとの間で葛藤している様子を他のメンバーたちに見抜かれ, 支えられ, 労われながら過ごしたのだった。そのようなFcのあり方は, おそらくＡさんがイメージしていたものから大きくかけ離れており, Ａさんは自らを情けなく感じながら報告していたのかもしれない。しかし, その率直な報告は聴く者の胸を打つものであり, このカンファレンスが終わったとき, Ａさんは「ブリーフ」を許されたのだという。

　Ａさんが善良な人であることはずっと変わることがなかったが, これを境にＡ

さんの「いくぞ！　いくぞ！」という感じが鳴りを潜めるようになった。笑顔ではなく考え込むような表情で事例発表をするようになり，他者の事例報告に対する意図の感じられる質問も，この頃から増えてきたように思う。

Ⅲ　「課題研究」をめぐって

　図2は，「課題研究」に関するＡさんの連想項目と，析出された樹状図，およびＡさん自身によるCL解釈と命名である。

　CL1に関してＡさんは，学部生のときよりも特別なことができている満足感や優越感があると述べる一方で，CL2には，ハイレベルなことに挑戦しているからこその難しさや苦しさがあると言った。CL1にはやりがいが表れている一方，CL2には研究に取り組む上で背負う課題が表れているが，たまにはできている自分を見つけて嬉しくなったりもするので，両CLの共通点もあるとのことだった。

　Ａさんの研究テーマの模索は幾度も迷走し，決して順調とは言えなかった。指導教員から見ると，その主要因は「考える」作業に対する自信のなさと苦手意識で，そのためにＡさんは常に自分が他の研究者に劣っていると感じ，他者の研究に批判的な視点を持ちにくいようだった。迷走の挙句，原点に立ち戻ったＡさんは，人を力づける会話について研究したいと言い出し，解決志向アプローチの質問とその機能を取り上げるようになった。そして面接への陪席を繰り返し，解決志向の質問に答えることでどのような体験をしたか，クライエント役の研究協力者から聴き取ることに取りかかった。初期にはＡさんに「ブリーフ」を禁じた私だったが，このときはＡさんがどっぷりと「ブリーフ」に浸るのを妨げなかった。Ａさんの中に「ブリーフ」を受けとめる土台ができつつあるという，確かな手応えを感じていたからである。データと向き合って分類の枠組みを見出したり，複数のことがらを結びつけて抽象化・一般化したりといった作業には最後まで苦戦し続けている様子だったものの，Ａさんは自分なりにやり切ったと思える修士論文をまとめ上げた。そこでの一つの成功体験が，「考える」ことに対するＡさんの苦手意識の克服に幾分かは寄与したのではないかと思う。

　オンラインミーティングで話した際，Ａさんは，大学院の学びの中で，その後臨床の仕事をしていく上で最も大きな影響力があったのは研究だと，きっぱりと言い切った。当時は思うようにいかず苦しくて仕方なかったが，このときの経験が論理的思考のトレーニングとして大いに意味があり，こうした論理的思考の習慣が研究にとどまらず，相談事例について見立てたり，方針を考えたりする上で不可欠だというのである。研究指導に際し

本人による クラスター命名	想起順	重要順	内容	距離
クラスター1：自由に突っ走る方ではなく、方向性を考えながらやりたいことができている満足感	16	1	充実した時間を過ごせたときの達成感、意欲の増加	1.00
	7	3	一つの研究を形にする達成感	2.35
	6	2	研究アイディア（＝構想）の共有	1.00
	8	5	ズレたことをしていないという安心／ズレたことをしているのではという不安	7.79
	9	6	面接で起こっていることを細かく見ることの面白さ、楽しさ	1.00
	5	7	ケース理解につながることの楽しさ、興味深さ	1.73
	10	14	自分のケースにいかしたいという思い	3.41
	12	13	心理療法の技法や理論について扱う場	2.00
	14	16	卒論にはない専門性	14.81
クラスター2：論理的側面で頭を使っていることの苦手感・苦戦している感じ	3	4	臨床と研究では、用いる思考が違う	1.00
	1	8	研究の難しさ	2.24
	13	10	考えていることの言語化、指導教員との共有の難しさ	5.07
	4	9	論理的思考の乏しさ	1.00
	2	11	論理的思考のフリーズ	1.73
	15	12	思考がついていかないこととへの不安・焦り	3.16
	11	15	思考を文章にすることの難しさ	14.81

図2　「課題研究」に関するAさんの連想項目とクラスター分析結果

て，私はAさんの苦手意識に配慮して手加減するようなことをほとんどせず，妥協を許さず立ちはだかる学問の世界の門番としてふるまうことが多かった。そのため，ときにはAさんを苦しめているのが自分であるかのように感じることすらあり，かなり悩みながら指導に当たっていた。大学院修了もだいぶ遠い過去となった今になってそのような感想をAさんから聞けたことは，まったくもって望外の喜びとしか言いようがない。

Ⅳ　「SV」をめぐって

　図3は，「SV」に関するAさんの連想項目と，析出された樹状図，および，Aさん自身によるCL解釈と命名である。

　CL1もCL2もともに，SVerとの関係と，自分自身のSVに対する意欲に言及している点で共通しているとAさんは言う。CL1では1回の面接に焦点を当てつつ，SVerとの二者関係の中で，SVを発見のある充実した場にするために自分にできることを精一杯しようとしている。一方CL2には，SVで必要なものを得たから，ここから先はひとりで面接に向かう覚悟があるという。また，CL2では1回の面接にとどまらず，SVerと二人で未来を見ているような印象もあると語った。

　最近になって再度図3を見たAさんは，当時のことを思い出してコメントを寄せてくれた。さきに述べたように，Aさんは当該大学院史上，最も多くの相談事例を担当した。さまざまな外的要因が重なったとはいえ，多くの相談を任せてもらえるということが，教授陣からの肯定的評価としてAさんに伝わっていたであろうことは想像に難くない。実際Aさんは，そのことに関する自信と喜びは間違いなくあったと述べている。あらためてCLに命名するとしたら，CL1は「クライエントと歩いている地点（今どこを歩いているのか）の確認作業」，CL2は，旅を楽しむように，どちらの方角へ行こうか考える「今後の展望，ワクワク感」とのことだった。当時私は，課題研究では考えがうまくことばにならず，不自由そうにしていたAさんが，なぜSVの場面では伸び伸びと楽しそうなのか不思議に思っていた。同じ教員を前にしているのに，なぜそこまで様子が違うのか疑問だったが，今回Aさんから上述の話を聞いてみて，少し得心がいったように思う。

　Aさんの連想項目から思い起こされるのは，臨床の世界の新参者である大学院生が，古参者である教員に何を期待するのか調査した際，専門的資源として活用できることを望むという点では大学院1年生も2年生も同じであったが，「優しく指摘する」「慰め，ほめ，勇気づける」といった情緒的サポートに関する記述が1年生だけに見られたことである（花屋，2010）。Aさんの中では自分ひとりで取

本人による クラスター命名	想起順	重要順	内　　容
クラスター1： 相手は教員だが 縮こまらず自由 に表出しようと SVに臨む意欲 と，そこに求め るもの。SVそ のもの	8	1	SVerへの信頼
	6	2	素直に自分の思っていること，感じていることを話す
	1	15	思っていることを自由に話せる場であってほしいと思う
	14	17	SVそれぞれのSVのやり方
	17	9	自分の学びのためのSV
	9	10	自分で考えを深めてからSVに行く
	11	11	頼りにしつつも，自立できるところは自立していたい
	7	14	気持ちの整理
クラスター2： 次をあà しよう， こうしようとい うところに考え がいっている感 じ。二人で未来 を見ている感じ	5	3	面接で起こったことをSVerと共有する安心感
	2	4	次回の面接に向けた方針の確認と意欲づけ
	10	7	ケースについて理解や見立てをSVerとシェアする
	16	5	クライエントの利益のためにSVを受ける
	4	6	面接をする上で大切な準備の時間
	3	12	自分の認識の修正
	15	16	もっと専門的な知識・ケースを見立てる上での知識を持たなくてはという思い
	12	8	ケースについて新しい視点を得られたときの喜び，面白さ
	13	13	面接で起こっていることを，もっと細かく見ていこうと思える

図3　「SV」に関するAさんの連想項目とクラスター分析結果

り組むべきことと，SVer とともに取り組むべきことは明確に分化しており，教員の情緒的サポートなど微塵も求めない。そこにいるのは，ひとりの自立したセラピストである。

▌V　結　　語

　セラピストの成長の秘密を解き明かすためにAさんの態度構造を探ったはずだったが，化学変化のようなもので，何がどうなってこうなったのか，あまりよくわからなかった。教員としての私にしても，Aさんとの間でしていたことと言えば，Aさんに関心を持ち続けて，ただただその動向から目を離せずにいたということだけである。でも，結局のところ，それがいちばん大事なことだったのかもしれない。

　　　文　　献
花屋道子（2010）学びの場としてのケースカンファレンス：「正統的周辺参加」の観点からみた大学院生の「新参者」感と「古参者」観．弘前大学大学院教育学研究科心理臨床相談室紀要，7; 71-76.
内藤哲雄（1997）PAC 分析実施法入門：個を科学する新技法への招待．ナカニシヤ出版.
内藤哲雄（2001）PAC 分析と「個」へのアプローチ．In：山本力・鶴田和美編：PAC 分析と「個」へのアプローチ．北大路書房，pp.108-117.

第6章

ボディ・マインド・リスニング

小関哲郎

▌I　はじめに

　私たちセラピストはその成長の過程でさまざまな治療モデルに学びながら腕を磨いていきます。世界にはブリーフセラピーに限らずさまざまなモデルがありますが，残念ながらマニュアル通り・型通りにやりさえすれば誰がやってもうまくいくような便利なモデルはありません。セラピーの場面はそれぞれに異なっていて，前回うまくいったやり方が今回うまくいくとも限りません。私たちは既存の治療モデルを参考にしながらも，自分自身の感覚をフルに動員して，その瞬間瞬間に合ったやり方を常に創造し続けなくてはなりません。ではその臨床に必要な「感覚」はどうすれば磨くことができるのでしょうか。それともそれは「持って生まれたセンス（感覚）」の問題で，努力や訓練で身につけることはできないものなのでしょうか？　その問いに対する答えのひとつがボディ・マインド・リスニングです。

　ボディ・マインド・リスニング（Body Mind Listening；以下 BML）とは，あらゆる心理臨床活動の基礎となる「感覚」を養うための具体的な方法とその考え方のことです。グループでのワークがこのアプローチの基本なので実際に体験していただくのが一番なのですが，ここでは紙数の制約もありますので具体的なワークの説明は最小限にとどめ，その背景にある考え方を中心にお話ししたいと思います。

▌II　開発の経緯

　この方法は，心理面接を学び始めたばかりの大学院生との勉強会の経験から生

まれました。そこで私は当初，ブリーフセラピーをはじめとするさまざまな治療
モデルの考え方や技法を伝えようとしましたが，技法や理論を教えれば教えるほ
ど，参加者の面接は固くぎこちなくなり，その人が本来持つ良さが発揮できなく
なってしまっているように感じられました。そこで，次第に具体的な技法よりも
もっと基本的な姿勢の方を重視するようになり，言語よりも非言語，思考よりも
感覚的なものにより焦点が当たり，いわゆる技法を教えることは年々少なくなっ
ていきました。その中で体の感覚へ注目することが有用なことがわかってきて，
そのことを中心に考え方やワークの方法も整理され，ボディ・マインド・リスニ
ング（BML）という名称が誕生することになりました。

　10数年前から続いているこの勉強会ではそのスタイルは年々変化し，今も変
化の途上にあります。こうした変化の背景にあり，新たな方法を模索するうえで
支えとなったのは，フォーカシング（Gendlin, 1980），マインドフルネス（Kabat-
Zinn, 1990），オープンダイアローグ（Seikkula et al., 2006），ネガティブケイパ
ビリティ（帚木，2017；Bion, 1970）などの考え方でした。

Ⅲ　BML の考え方「心の視野を広げる」

1．BML がめざすもの

　BML はさまざまな実習を積み重ねることで心理面接の基本的な態度の習得を
めざすものですが，この場合の基本的な態度とは何でしょうか。BML ではそれを
「心の空間の獲得」と考えています。

　たとえば私たちは日常の会話の中で，人の心の状態を「視野が狭い／広い」と
いうことばで表したり，人間関係を「距離が近い／遠い」と表現したりすること
があります。こうしたことから，私たちが物理的な空間とは別に，自分の心の中
にもある種の「空間」を持っていることが分かります。そして，この心の空間の
あり様は私たちが臨床活動を行う際にも大きな影響があると考えられます。

　たとえば私たちが臨床場面で行き詰まりを感じている時，私たちの心には「ゆ
とり（スキマ）」がなく，「いっぱいいっぱい」で，「視野が狭く」なっています。
その反対にうまく自分の力が発揮できている時には「ゆとり（スキマ）」があり，
「広い視野」で「全体」を見ることができています（図1）。

　そこで臨床場面で自分の心の空間に目を向けて，「今，自分はいっぱいいっぱい
になっているな」と気づくことができれば，そこから「ゆとり」を取り戻すよう
に自分に働きかけ，本来持っている力を発揮しやすくすることができます。BML
ではこのように自分の心の空間に目を向けて，視野を広げ，ゆとり（スキマ）を

視野が狭い
いっぱいいっぱい
スキマがない

視野が広い
全体が見えている
スキマがある

図1　心の空間

生み出す力を養っていくのです。

2．being mode と doing mode

　このように,「心がいっぱいいっぱいになっている状態」と「心にゆとり（スキマ）のある状態」は,マインドフルネスで用いられる doing mode, being mode ということばに相当すると考えることができます。御存知のように英語のdoには何かを「する（行為する）」という意味があり, be には「ある（存在する）」という意味があります。セラピストは面接に臨んだ時,専門家として何を「する（do）」べきか,をふつうは考えます。しかし,この「する（do）」と言う意識が強くなりすぎると,焦って強引に話を進めようとしたり,目の前のクライエントの微妙な変化に気づくことができなくなってしまったりもします。

　心理面接を学び始めたばかりの人にありがちなのですが,セラピストとしての役割を意識するあまり,「次にどんな質問をしようか」「何か役に立つことを言わなければ」「うまい返し方をしなければ」といったことで頭がいっぱいになり,目の前のクライエントの話に集中して耳を傾けることができなくなってしまうことがあります。つまりセラピストとして何を「する（do）」かにばかり気が行って,クライエントが今どのような状態に「ある（be）」のか,面接の場の雰囲気がどのように「ある（be）」のかに気づけなくなってしまうのです。

　そこでBMLでは,何かを「する（do）」という意識をまずいったん脇において,今この瞬間,面接の場で何が起きているのか（be）をありのままに観察することに焦点を当てていきます。

3．being mode：スキマの治癒力

　何を「する（do）」かを脇に置いて,どう「ある（be）」かに集中するのは決し

て簡単なことではありません。セラピストとしての役割を意識すれば余計にそうです。ですが，実はこの being mode にはそれ自体に強力な治癒力が備わっていて，そのことに気づけばより安心して doing mode を脇に置くことができるようになってきます。

　being mode の治癒力を示す例として BML でよく行う基本的なワークの一つであるインターバルインタビューをご紹介しましょう。まず二人組になって話す人と聴く人を決めます。そして，①話し手が「モヤモヤすること」というテーマで３分間，自分の体験を語ります。聴き手はひたすら話し手の体験を理解しようと努めます。このとき相づちを打ったり，自分が知りたいと感じたことを質問しても良いのですが，相手のモヤモヤを解決しようとか，良いアドバイスをしようとかは考える必要はありません。いやむしろそれはないほうが良いのです。そのあと，②２分間の沈黙の時間（インターバル）を取ります。この間，話し手も聴き手も，黙って自分の中で今どんな感じや考えが起っているかを観察します。そして，③会話を再開し，３分間話します。このときに聴き手はいろいろと質問や感想を述べて話の流れを主導するのではなく，話し手が自由に話せるように「どうぞお話を続けて下さい」とか「今，どんなことを感じていましたか」などのオープンな投げかけから始めるのがポイントです。④再び沈黙の時間（インターバル）を２分間取ります。最後に⑤先ほどと同じように３分間，会話します。

　これは３分間の会話を３回繰り返すだけのシンプルなワークですが，その間に２分の沈黙をはさむことで，とても興味深いことが起ってきます。その２分の間に話し手の中で自然に内的なプロセスが進み，新たな気づきが生まれ，最初にあったモヤモヤが自己解決してしまうことが少なくないのです。このことは話し手と聴き手の双方にとって新鮮な驚きとして体験されます。

　私たちセラピストはクライエントのために何か良いことをしなければとつい力が入りがちになってしまいますが，このようなワークを通じて，セラピストが特別なことをしなくてもセラピーの中にゆとりの空間や時間を生み出すこと自体に強力な治癒力が備わっていることが体験されると，セラピスト自身があわてることなくクライエントの力を信じて待つことができるようになってきます。多くの面接初心者が苦手とする「沈黙の時間」が，とても大切で意味のある時間に変化するのです。

4．being と doing の関係は？

　セラピストが何かをしようという意識（doing mode）を脇に置き，心の視野を広げてひたすらクライエントの体験を理解しようと努める態度（being mode）を

徹底していくと，それは Rogers（1951）の提唱したクライエント中心療法の姿勢に近づくと言ってもよいかもしれません。クライエント中心療法は当初，非指示的療法と呼ばれたことからもわかるように，セラピストが主導して面接を方向付けていくようなモデルではありませんが，Rogers 自身はセラピストがさまざまな技法を用いることそのものを否定したわけではありません。実際，臨床現場では専門家としての知識や経験をもとにセラピストが能動的に関わらなければならない場面が多々あります。つまり臨床活動は being mode のみで成り立っているのではなく，doing mode もまた重要なのです。ではこの臨床における being mode と doing mode の関係をいったいどのように考えれば良いのでしょうか。

5．being から自然に生まれる doing

　あなたが初対面のクライエントに会う場合を想像してみて下さい。はじめは，その人がどういう人なのか，何を求めてセラピーに訪れたのかもわかりません。クライエントの話に耳を傾け，質問を重ねるうちに，はじめはボンヤリとして曖昧だったものが次第にハッキリとしてきます。やがて，その人が何に困ってセラピーに訪れたのか，どんなことを求めているのか，全体像がつかめて「腑に落ちた」気持ちになる瞬間が訪れます。この「腑に落ちる」感覚はある種の身体的に感じられる変化ですが，このときクライエントの側も同時に，モヤモヤとしてハッキリしなかった自分の困りごとが言語化され，整理されて，スッキリした感覚を得ていることが少なくありません。つまり先ほどお話ししたように視野を広げて全体像を理解しようとする営み（being mode）そのものにある種の変化への力，治癒力が備わってるのです。このようにひたすら心をオープンにしてクライエントの体験を理解しようと関心を持って聴いていると，「次はこんなことを訊いてみたい」と自然に質問が浮かんできますし，「こんな技法を使ってみようか」「こんなアドバイスをしてみようか」「こんな解釈はどうだろうか」と言ったアイデアが「自然に」浮かんできます。そしてそんな風にその場で「自然に」生まれたアイデアは，実行してみると実際にうまくいくことが多いのです。その反対に，最初から「この技法を使おう」と決めてかかると失敗しがちですし，「この間はこのやり方でうまくいったから，今度も」とやると往々にしてうまくいきません。それは，そのアイデアが「その場で」「自然に」生まれたものでは無いからです。

　つまりしっかりとした being mode の土台がまず先にあり，それに支えられて自然に生まれてくる doing mode が大切なのです（図２）。

図2　being から自然に生まれる doing

6．知識と経験が doing の幅を広げる

　ではひたすら心をオープンにしてクライエントの体験の全体を理解する being mode を徹底すれば，それだけで良いセラピストになれるのでしょうか？　私はそれは良いセラピストの一つの側面に過ぎないと思います。セラピストがさまざまな理論や技法を学び，経験を積み重ねるほどに，クライエントの体験を理解する枠組みは増え，用いることのできる技法の幅も広がっていきます。知識ばかりが先行して目の前の相手がしっかり見えていなければ，それは単なる「頭でっかち」の強引なセラピーになってしまいますが，しっかりとした being mode の土台があれば，それまでに蓄えた知識や経験が必要なときに適切な形で自然と引き出されることにつながります。

　ここでお話ししている BML はあくまでもセラピーの土台作りであって，その上にさらにさまざまな理論や技法を学び，経験を深めることが大切なのです。

Ⅳ　BML の考え方「体験と向き合う」

1．体には心がある

　ここでボディ・マインド・リスニングという名称の由来となった体の感覚との向き合い方についてお話ししたいと思います。

　セラピーの現場で行き詰まっているとき，私たちは往々にして自分が「焦っている」ことや心の視野が狭くなって「ゆとり（スキマ）」が無くなっていることに気づくことができていません。視野が狭くなっているのに気づくことができれば，そこから体制を立てなおして切り替えることも可能になってきます。そのためにはいつも「心の視野」に目を向けて，「いま自分はどんな感じでいるのか」をチェックするのを習慣にするのがお勧めです。でも，どうすればそこに注意を向

けることができるのでしょうか？　そもそも「心の視野」とは一体どこに存在しているのでしょうか？　私はそのカギは「体」にあると考えています。

　体と心が深く結びついていることを示すことばが日本語にはたくさんあります。たとえば，「頭にくる」「肩がこる」「胸がすっとする」「息が詰まる」「むかつく」「はらわたが煮えくりかえる」「腹が据わる」などです。これらのことばは体の感覚を表現しているようでいて，同時にある種の心の状態を表わしてもいます。私たちの心は体と深く結びついているので，体の感覚に注意を向けてみると，「緊張している」「リラックスしている」「ざわざわしている」「ゆったりしている」などのさまざまな心のあり様をそこに発見することができます。BMLではこのように体の感覚に注意を向けることを通して，自分の心の状態にアクセスする土壌を作っていくのです。

2．呼吸を観察してみる

　体の感覚に注意を向ける方法の一つが，マインドルフネスでも重視されている呼吸の観察です。ふだん私たちは「今から息を吸おう」「今から吐こう」と意識して呼吸しているわけではありませんが，意識するしないにかかわらず呼吸はいつでも私たちと共にあり，常に変化し続けています。改めて観察してみると，そこにはさまざまな体の動きがあり，緊張があり，弛緩があります。息を吸ったときに体のどこがどんなふうに動くでしょうか？　吐いたときはどうですか？　観察してみましょう。観察してもあまり違いがわからないですか？　それならば良い方法があります。お腹にてのひらを当ててみましょう。呼吸は深呼吸ではなくていつも通りの呼吸で大丈夫です。てのひらに服の布地の感触が伝わってきますか。お腹の温度が感じられるでしょうか。おなかの筋肉は固いですか？　やわらかいですか？　息を吸ったり吐いたりするときにおなかが膨らんだりへこんだりする様子がわかりますか。他にどんなことに気がつくでしょうか？

3．体の感覚から今の体験に迫る

　上で紹介したのは体の感覚に注目するワークの一例ですが，このように体に目を向けていると自然と，緊張している，ざわざわしている，といった心の状態に気づくことがあります。また，体の感覚に注意を向けてから，「今どんな気持ちかな？」と体に問いかけてみると，自分の気持ちに気づきやすくなっていることがわかります。

4．ネガティブな体験も大切に

　こうして体から心に目を向けてみることで，「ゆったりしている」「リラックスしている」といったポジティブな体験が得られることもありますが，その反対に，「落ち着かない」「焦っている」といったあまり心地よくない体験に気づくこともあります。こうしたあまり愉快でない体験に接したときに人が取る態度はおおよそ2つで，「逃げる（逃走）」か「戦う（闘争）」か，です。つまり，不快な体験から目をそらして，これをなかったことにしようとするか，あるいは不快な体験をなんとか心地よいものに変えようと努力するか，です。ですが BML ではそのどちらでもない態度を取ります。これを観察して，受け入れるのです。「落ち着かない」自分でも「焦っている」自分でも OK です。ありのままの自分の体験をやさしく受け入れましょう。

　BML の体のワークは「リラックスするための練習」ではありません。ありのままの自分に気づき，観察し，それをやさしく受け入れるための時間なのです。もちろんその結果としてリラックスすることはありますが，そこに主眼があるのではありません。

5．自分の体験を受容することが他者を受容することにつながる

　誰かの話を聞いていると，自分の中にさまざまな反応が起こってきます。特に BML を通じて自分の感覚に目を向ける練習を重ねるとこうした反応に気づきやすくなります。もしかするとそのさまざまな反応の中にはあまり愉快でない体験も含まれているかもしれません。ですが自分自身の体験を視野を広げて観察し，ありのままにやさしく受け止めることができたならば，誰かの話を聞いたときに自分の中に自然に起ってくる反応も否定せず素直に受け止めることができるようになってきます。それがすなわち他者を受容するということです。「他者受容」とは実は「自己受容」と深くつながっているのです。

▌V　BML の実践

1．面接のポイント

　BML では，心の視野を広げて観察し・受け止める，という being mode が基本となることはこれまでにお話ししたとおりですが，実際に臨床の現場で面接をするとき心に留めておきたいポイントについていくつかお話ししたいと思います。

①クライエントの「体験」に焦点を当てる

　面接中のセラピストの頭の中にはさまざまなことが浮かんできますが，まずはクライエントの「体験」にしっかりと注意を向けましょう。クライエントは今この瞬間にどのようなことを感じているのでしょうか，何を思っているのでしょうか。関心を持って耳を傾けましょう。

　このことはとても当たり前のことを言っているように感じられるかもしれませんが，実は案外そうでもありません。私たちセラピストはクライエントの役に立たなければという使命感から，「診断は何だろうか」とか「どうやって治療しようか」などの「雑念」で頭がいっぱいになってしまって，目の前にいる人の話に純粋に耳を傾けることが難しくなってしまいがちなのです。良いセラピストであろうとする努力がかえってあなたを良いセラピストから遠ざけているのです。「自分が」どう「する（do）」かよりも，まず「相手が」どう「ある（be）」のか，に今は集中しましょう。

②視野を広げ全体を見る

　一人の人の中にはさまざまな思いがあります。そのさまざまな思いの一部にだけ焦点が当たってしまうと，それは「視野が狭い」状態となります。クライエント自身も視野が狭まっていっぱいいっぱいになり，自分一人では解決がつかなくなっているから相談に訪れているのです。ここでセラピストまで視野が狭くなってしまったら，2人で手を取り合って深い森の中をさまよっているようなものです。森から抜け出して全体を眺めてみましょう。クライエントの中にはどんなさまざまな思いがあるのでしょうか。

③矛盾・葛藤・モヤモヤを大切に

　クライエントの話を聞いていてもすぐには全体像が見えてこないのが普通です。話は整理されてなくて，あいまいだったり，いろんな矛盾をはらんでいたりします。それはそうです，自分でうまく整理されないから相談に来ているのです。それに私たちセラピストだって普段いろんな整理されない思いを抱えながら生活していますよね。整理されず，矛盾や葛藤があるのが当たり前の人間の姿なのです。

　整理されないものを整理されないままに受け取りましょう。そうするとなんだかモヤモヤしますよね。もっとよく知りたいという気持ちが湧いてきませんか？そんなモヤモヤを抱えながら話を聞いていると，少しずつ全体像が形になってきて，「腑に落ちた」と感じる瞬間が訪れたりします。その時にはクライエントの中

でも少し整理が進んでいるのです。すぐにわかった気にならないで，曖昧なものを曖昧なまま，モヤモヤを抱え続ける力（being mode）を大切にしましょう。

④「悩み」と「望み」に関心を持つ

　クライエントの体験に関心を持つと言っても，なんでもかんでも関心を持つのではありません。なぜならばセラピーは「目的を持った会話」だからです。クライエントがセラピーに訪れたのにはワケがあります。クライエントはどんなことを話したくてここに来たのでしょうか。何に悩んでいるのでしょうか。そして何を望んでいるのでしょうか？　クライエントの関心の先に何があるのか，あなたも関心を持って聴いてみましょう。もちろん，クライエントの心の中も充分に整理はされていないので，それを直接に尋ねてもすぐには答えが返ってこないかもしれません。でもそこに関心を持ち続けることで，セラピーが道に迷わず適切に導かれる原動力になります。

2．BMLの適用範囲

　BMLは先にお話ししたように心理面接の基礎となる感覚を養うためのグループワークとして生まれたものですが，その他の領域での活用についても触れておきましょう。

　BMLの考え方や技法はグループコンサルテーションでも活用されています。少人数の学習会で，参加者の中から臨床の中でのちょっとした困りごと（事例）を出してもらい，そこでBMLの考え方に基づいたワークを行い，困りごとをより広い視点から眺めることができるように促します。そうするとほとんどの場合，何も助言をしなくても，事例提供者の中で新たな発見があり自己解決に至ってしまうことが多いのです。その事例を聴いていた参加者にも気づきと学びが得られます。

　そして，もちろん私自身の心療内科医としての実践にもBMLは大きな影響を与えていて，臨床活動のどんな場面にあっても常に参照する指針となってくれています。それは個人面接だけではなく家族面接でもそうですし，スタッフや関係者との会話などのあらゆる場面を含みます。

　また，治療に臨む際の基本的な心がまえ，というだけではなく，この「心の視野を広げる」方法を直接に患者さんに教える形でもBMLは役に立っています。つまり「セラピストの基本姿勢としてのBML」ではなく，「治療技法としてのBML」というわけですね。

　このようにグループコンサルテーションや治療技法としてBMLを活用する方

法については機会があればまた別のところでお話ししたいと思います。

Ⅵ　おわりに──BML のその先へ

　BML は体を通して心にアプローチする，という意味でその名が付けられました。臨床における身体感覚の意義を見直すところにその力点があったのですが，しかしそれはその先にある「心の空間」にアクセスするための一つの手段です。BML の実践を重ねるうちに，必ずしも身体感覚を強調しなくてもこの「心の空間」にアクセスすることは可能であることがだんだんとわかってきました。「体」がそのための有力な手段の一つであることには変わりがないのですが，これからは「体」よりも「心の空間」を発想の中心に据えてこのアプローチのあり方を考えていった方が良いような気がしています。その意味で BML（ボディ・マインド・リスニング）という名称は今後，もしかすると別のものに変わっていくのかもしれません。

文　　献

Bion, W. R.（1970）Attention and Interpretation. Tavistock Publications.
Gendlin, E. T.（1980）Focusing. Bantam Books.（村山正治・都留春夫・村瀬孝雄訳（1982）フォーカシング．福村出版．）
帚木蓬生（2017）ネガティブ・ケイパビリティ─答えの出ない事態に耐える力．朝日新聞出版．
Kabat-Zinn, J.（1990）Full Catastrophe Living. Delacorte Press.（春木豊訳（1993）マインドフルネス ストレス低減法．北大路書房．）
Rogers, C. R.（1951）Client-centered Therapy: Its Current Practice, Implications, and Theory. Houghton Mifflin Company.（保坂亨・末武康弘・諸富祥彦訳（2005）クライアント中心療法．岩崎学術出版社．）
Seikkula, J. & Arnkil, T. E.（2006）Dialogical Meetings in Social Networks. Karnac Books.（高木俊介・岡田愛訳（2016）オープンダイアローグ．日本評論社．）

第 2 部

私を育てる

第7章

わたし×システムズアプローチ

赤津玲子

▌I　はじめに

　「臨床がもう一段上に行くための学び方」「自分をどのように育ててきたか」，非常にプレッシャーの高い，気が重いテーマである。理由は2つある。1つは，今自分が，セラピストとして順調に成長しているのか，もしかして低迷しているのか，まさかの下降をしているのか，わからないからである。もう1つは，俗に言う駆け出し，例えるなら臨床の世界に入門した修行僧時代を思い出すと，つらい思い出ばかりだからである。そのため，なかなか書き出すことができなかった。また，育ての親ともいうべき師匠がいるのだが，そのスーパーヴィジョン（以下，SVとする）については別稿（赤津，2016）で書いてしまったので，なんとなく自分の中で帰結している感があることも影響していると思う。

　わたしは30代で心理学を学び始めた。いわゆる転職組である。前職は旅行会社の営業で，全く異なる業種である。中国専門の旅行会社だったので，カウンターに相談にきたお客様の相談にのったり，ご夫婦で行きたい地域を回れるようなオリジナルのツアーを組んだり，添乗員として現地に行ったり，パッケージツアーの企画をしたり等，さまざまな仕事をこなしていた。当時の中国は現在とは全く異なる状況だったし，インターネット環境もなかったし，そのあたりのネットワークを持つ特殊で専門的な会社だったと思う。その前職での仕事を通した強烈な異文化体験が，わたしを心理学に引き寄せたと思っている。特に，添乗員として随行すると，現地であれこれ交渉しなければならない事態が多く，今必要なことや優先すること等のやり取りを現地の方と重ねる中で，理解できないことがたくさんあった。心理学を学べば，人の心をより理解できると思っていたのである。

　その後，臨床心理士という職種があることを知り，システムズアプローチと出

会った。わたしは他の人よりも後発だったので，人一倍努力しないと一人前になれない，早くできるようになりたいという気持ちが強かった。今に至ると，できるできないという意味を問うてしまうが，当時は特に，早く家族面接ができるようになりたいと思っていた。そのため，後述する通り，日常生活が全て臨床で頭一杯状態であった。望んでそのような状況に追い込んだと言える。家族がそれに費やす時間を応援してくれたという幸せな環境もあった。

　そのような毎日を振り返るために，当時のスケジュール帳や，逐語記録，振り返り，自分が書いたメモを開いてみた。その結果，「逐語記録」と「臨床日記」がわたしの学びに大いに貢献してくれたのかもしれないと考えた。そのため，この２つについて，事例を含めながら書いてみようと思う。

▌Ⅱ　わたし×逐語記録

　逐語記録をあげて，それに関する振り返りをまとめ，SV を受けるという一連の行為は，師匠に弟子入りした際の，自称「鉄の誓い」である。「鉄の誓い」を守ることは，わたしにとって，学ぶことと同義であった。

　主たる勤務先の相談機関ではクライエントから録画の許可をいただいていたので，自分の担当したケースは全て映像で記録できた。自分の斜め後ろからクライエントの全体が見えるように記録できるものであったが，自分の横顔が映り込んでいた。多くの人は，自分の録音された声を聞くことは苦手かもしれない。自分の映像を見るというのも，あまり気分のいいものではない。

　初めの頃は，自分の発言に凍りつき，なかなか作業が進まなかった。逐語をあげ始めてすぐに「わあー！」と叫んで床にひっくり返る。まるで腹を上にしたカエルである。手足をバタバタさせる。見るに聞くに堪えないのである。しばしの葛藤。自分と格闘して，再び作業に戻る。またすぐにひっくり返る。時々丸まって動けない。ダンゴムシ状態。この繰り返しである。自分の態度や声が想像と違っていることへの衝撃か，もしくは「ここでこれ聞く？」という自分のアホな一言一言に対するショックか，とにかく何度も叫んでひっくり返ったり丸まったりしないと作業が進まないのだから呆れたものである。牛歩どころではない。

　毎晩，自分の面接の映像を見てひたすら逐語をあげて振り返る。家族や友人が遠方だったため，土日に出かける用事も場所もなく，相談機関での面接や他の場所での仕事，師匠の面接の陪席＆手伝い（に関わる膨大な時間）以外の在宅時の時間は全て，逐語をあげて面接の振り返りをすることに費やした。一言で言うと苦行である。どのぐらいの苦行かと言うと，パソコンの調子が悪くなるぐらいと

いうことであろうか。映像を何度も少しずつ止めたり戻したり進めたりしながら，同時にワードで書いているので，パソコンの方が音を上げたのだ。

　鉄の誓いがあったから続けられたのだと思う。「続けられた」という表現は肯定的な意味合いを含むが，当時は苦行とも思わず，これを続けることで得るものがあるのだと妄信していた。素直で実直な修行僧である。

　逐語記録に関しては，例えば，父親は青で母親は赤で，というように色分けして，誰がどのぐらい話したか一目でわかりやすいように工夫した。恥ずかしい話であるが，初めの頃はとにかく，面接で質問ができなかった。何を聞いたらいいのか全くわからなかったからである。仮説が立てられるようになったり，面接の中で自分が意図した質問ができるようになったりしてくると，質問の意図やその時に考えたこと等を自分の対応の根拠として書き込むようになった。根拠を書き込むために，その場で起こっているコミュニケーションを師匠が読んでわかるよう記述しなければならず，必然的に逐語記録がだんだん詳細を極めるようになった。

　当時の事例から，初回面接等の逐語記録を少し紹介する。

Ⅲ　事　　　例

　事例は，ご夫婦で来談したケースである。ご主人は会社員，専業主婦である妻がうつ状態で，心療内科医の紹介で来談した。初回面接の冒頭で自己紹介が終わったところからの逐語記録について，①と②の２つのパターンを示す。

①言語だけを逐語化した場合

（Th：セラピスト，夫，妻）

Th：えっと，この場所はすぐにおわかりになりましたか？
夫：はい，わかりました。
Th：＊＊からだと，どの辺の駅になるのでしょう。
夫：＊＊です。
Th：ああ，えっとじゃあ，阪急か JR。
夫：いやー，あのー。
妻：地下鉄。
夫：地下鉄で，そこから歩いてきました。
Th：ああ，そうですか，それじゃあ，お話の方はいらせていただいてよろしいでしょうか。

夫：はい。
妻：えっとー，わたしのことなんですけど……。

②コミュニケーションを説明しようと加筆した場合

（（顔笑）：笑顔，→：視線の方向，↑：語尾上がり，↓：語尾下がり）

Th：えっと，（→夫，妻）この場所はすぐにおわかりになりましたか↑
夫：（→Th）はい，わかりました。
妻：（→Th）（顔笑）
Th：（→夫）＊＊からだと，どの辺の駅になるんでしょう。
夫：（→Th）＊＊です。
Th：ああ，えっとじゃあ，阪急↑JR。
夫：いやー，あのー（→妻）。
妻：（→夫→Th）地下鉄。
夫：（→妻→Th）地下鉄で＊＊から歩いてきました。
Th：ああ，わかりました，じゃあ，（→夫，妻）お話の方はいらせていただいてよろ
　　しいでしょうか↓。
夫：はい（→妻）。
妻：えっとー（→夫→Th），わたしのことなんですけど……。

　①と②を比べるとわかるように，視線と語尾のアップダウンを入れると，複数
面接が逐語記録から映像として浮かび上がってくるのがわかる。冒頭のセラピス
トの問いはご夫婦に向かっているが，答えたのは夫である。その夫がセラピスト
の質問の答えに詰まって妻を見ると，妻が「地下鉄」と助け舟を出している。社
交の窓口は夫であるが，問題の窓口は二人の間で了解の上，妻になったようだ。
　わたしの逐語記録は，①の形式から始まったのだが，途中からだんだん複雑な
記号入りになって②のようになっていった。詳細なコミュニケーションを書き込
まないと，起こっていた事象や自分の対応の根拠を説明できないのである。記号
などでそのまま端的に説明しようと試みた。

③その後の面接場面

　主として妻からの訴えを一通り聞いたあとの会話である。
（＊：うなずき，（↓）：下を向く，（笑）：声を出して笑う）

Th：（→妻）ご主人は，今の奥様の状態についてどうおっしゃってるんですか。
妻：（→Th）（顔笑）

夫：いやいや（顔笑），（→ Th）休めって言ってるんですよ。

Th：ああ，ああ。

妻：（→ Th）（小顔笑）

夫：（→ Th）なんかあったらしんどい言うから寝とけ（→妻）って。（→ Th）だってね，しんどそうなのわかりますから，そんなんやったら寝とく，休んでもらうのが一番なんです（→妻）。

妻：（→ Th）そりゃそうなんですけど，子どもがいるからそれはちょっと，ご飯食べさせなあかんし。

夫：（妻の話をさえぎって）いやいや，（昨夜の話題）（→妻）真面目なんか気を使ってるのか（→ Th）わからないんですけど（顔笑）。

Th：お子さんの手前寝てられないというのは（夫，妻＊）わかります。もしかして，奥さんの不安が増していることで，余計にそれを負い目にやんなきゃみたいに加速しちゃってる部分も。

妻：（小＊）

夫：僕には（→妻），（→ Th）そう見えるんですよね。

妻：（→ Th）（顔笑）どこをどう手を抜いていいのかわからなくて。

　この夫婦はおそらく，もともと言い争いなどの喧嘩をせずにうまくいっていた夫婦だったと思われた。関係からみると，妻が主導権のある夫に従順であったが，妻は言いたいことがあっても外で働いている忙しい夫には申し訳なくて言いにくい，夫の口調が怖い，と訴えており，妻が症状を使って夫との現在の問題とされているコミュニケーションを形成しているととらえることができた。面接中，夫は妻の方を何度も気にしているのだが，妻は夫を全く見ずに Th に向かって話している。主訴は妻のうつ状態とのことであったが，面接の方向として，例えば妻が症状を使わずに夫にあれこれ訴えることができる等，夫婦が柔軟な関係でいろいろ話して決められるようになったらいいと思われた。

④継続面接の一場面

（（間）：１秒以上の間合い，（大笑）：大爆笑）

　妻はきちんとしなければと，家事をやっては動けなくなる状態を繰り返していた。夕飯を作るのが一番負担かもしれないという話題に夫婦ともに同意したが，実際にどうするかが決まらない場面。

Th：治療のためにお夕飯を作らないっていうのは，やっぱり難しいですか↓。（間）今日も明日も，２カ月ぐらい作らなかったら，Ａ家は崩壊↑。

妻：（→ Th）（＊）崩壊。

夫：（→妻）どこが崩壊なんや。
妻：（→夫）え↑だって崩壊やん。
夫：（→妻）（顔笑）そんな崩壊せえへんって，買え買え言うとるやん。
妻：（→夫）だって，買うものが限られてる。
夫：（→妻）（手で妻を示して）自分が嫌なんやろ（顔笑）。
妻：（顔笑）（→ Th）でも食べ盛りがいるでしょう（顔笑），お腹を満たすためにはどうしたらいいだろうって。
夫：（笑）
Th：（→妻）そうですよね。

　何回かの面接を経て，夫と妻の間で少しずつやりとりができるようになっていた。そのため，夫婦関係へのアプローチとして，今回の夕食の話題では，夫婦二人で話し合って決めてもらうことが大切だろうと思われた。しかし，夫が「自分が嫌なんだろう」と妻への非難とも冗談とも受けとれるようなことを言ったことから，妻がその話題を避けて Th に子どもの話題を振り，Th が共感的に受けたことで，夫婦間のコミュニケーションがとん挫してしまった。Th 頑張れ！　みんな頑張れ！　という感じである。

⑤④の続きの面接場面

　妻が，2カ月も夕食を作らないことを「甘い汁を吸う」と表現している。Th が再度，A家の財政問題について夫婦に問いかけ，夫婦で夕食作りについて決めることを勧めている場面である。

妻：（→ Th）甘い汁を2カ月も吸っちゃったら，いざ（夕飯を）作ろうとした時に作れるのかしらって。甘い汁を吸った後に，ちゃんとできるんでしょうか。
Th：リハビリが必要かもしれないですね。
妻：（＊）
夫：（顔笑）
Th：1回甘い汁吸って，A家の財政がどうなるかやってみます↑（笑）。
夫，妻：（笑）
妻：（→夫）やってみる↑。
夫：（→妻）今のを新しい保険やと思えばいいやん，しんどかったらもう買って。
妻：（→夫）Th が買っていいって言ったもんって↑。
夫：（→妻）そうそう，買ってええ言ってるし。まあ，今日も生のほうれん草買ってきてるけどな（→ほうれん草の入った買い物袋）。
妻：（大笑）（↓気味）今日はもう無理。
夫：（→妻）明日からでええやん（笑）。

妻：(→夫)（笑）そやな。

　妻が Th に不安を訴え，Th が「リハビリが必要かも」と応じたことに対してうなずく。Th が，夫婦間の話し合いに再度チャレンジ。妻の問いかけに対して夫が「Th が言ってくれたと保険としてかけたと思えばいい」と Th の存在を使ってうまく応じている。加えて，夫の機転の利いた話題運びで笑いが起こり，妻が納得する。夫婦ともに Th をうまく使って，新しい相互作用が展開した。

　自分の面接の逐語記録を客観的に見るのは，初めは非常に難しかった。その時に感じた自分や考えた自分と切り離した，別の視点でクライエント・家族とセラピストの関係を見直すことができなかったのである。映像が浮かぶような詳細な逐語記録は，面接で起こっていたことを率直に観察すること，理解することの役に立った。それは，例えば，クライエント・家族の話に涙ぐんだり，驚いたり，そうした巻き込まれたような情緒的なリアクションが悪いというわけではない。むしろ必要なことが多い。一方で，それらを含めて見直すことによって，別の視点を得ることもケースの展開を考える上では大切だと考える。

Ⅳ　わたし×臨床日記

　逐語記録とは別で，臨床ノートとも言えるような振り返りを書いていた。これは，B5 ノートの 1 ページを縦横で 4 つに区切り，1 マスに 1 ケースずつ感想を書くものである。ケースの日時，セッション回数，ケースの仮名も書く。面接が終わった後や帰宅途中の車中，面接の映像を見返す前に振り返りを書く。1 日 8 ケースの面接をしたとすると，見開き 2 ページにわたり 8 つのケースが並ぶことになる。「びっくりした」とか，「夫婦の言い争いになってしまってどうしようと思った」「もっと母親の方にのればよかった」等，率直な面接の感想を書く。また，「息子の枠組みを使って別の流れを作ろうと思ったら流されてしまった」等，その面接で自分が試みたことを書いたりする。カルテには書く必要がないような内容をメモしていた。ケースごとのセラピスト日記みたいなものである。
　その後，SV で大事だと思った点について青字で，自分なりに SV を受けて振り返って考えたことを緑字で書き込む。超大事みたいに考えたことばは，時々であるが赤字で書いてある。そのため，ノートはカラフルだ。
　ノートをめくると，わたしのその時々の課題が浮き上がってみえる。ケースは違うのだが，わたしが臨床を学んでいく上での課題としてみると，同じようなこ

とがいくつものケースで起こっている。当時は，課題と呼ぶには稚拙すぎるため，自分で「テーマソング」と名づけていた。異なるケースでも，同じテーマソングが流れてるんじゃないのかな？と自戒するのである。例えば，師匠から言われたことが短く箇条書きに書かれた後で，緑色で「たぶん頭を柔らかくしろということだと思う」と走り書きしてある。当時のわたしのテーマソングが，おそらく「頭を柔らかくする」だったのだろう。社会人で学び始めた時に，自分のそれまでの経験や思い込み，偏見が臨床の邪魔をする気がして仕方がなかったことを覚えている。社会人としての経験があるから，臨床は学びやすいのではないかと言われがちだったが，わたしは全くそのように思えなかった。「頭を柔らかくする」というテーマソングも，その一環で自分の中にバックミュージックとして流していたように思う。

　また，学会発表でケースを抄録としてまとめる際にも，このノートは役に立った。鉄の誓いには逐語記録の他に学会発表をすることが含まれていたので，追われるように学会発表をしていた時期がある。何に追われていたのかというと，もちろん師匠の叱咤（激励）である。学会発表など自分には無理だと思っている方が多いと思うが，ケース全体の流れや，何がポイントだったのかについて振り返るには，学会発表は非常に有意義である。緊張や恥ずかしさ以上に，得るものの方が多い。もちろん，わたしの稚拙な発表と質疑の受け答えはフロアを凍りつかせたことが多々あるのだが，それでも発表体験は未来のケースの役に立っていたと考えている。

Ｖ　わたし×システムズアプローチ

　今回，わたしを育ててくれたものとして，「逐語記録」と「臨床日記」をあげた。さて，このように出来上がった「わたし×システムズアプローチ」について，少し考えてみたい。

　吉川（2004）が述べている通り，システム論を最も利用しなければならないのは，対象となる集団ではなく，治療者を含めた「治療システム」である。東（2019）は，ジョイニングが上手にできたということは，セラピスト自身もセラピーの対象となったと考えることができ，「自分が変わればいい」というポジションを手に入れたことになると述べている。そのため，システムズアプローチでは「俯瞰する」「メタ・ポジション」（赤津，2018；中野ら，2019）という視点が大切だと言われている。この視点について，高いところから見下ろすというイメージがつきまとうせいか，クライエント・家族に対して少し不遜な，ちょっと

失礼な印象を持たれるかもしれない。実際は，横から見るイメージでも，セラピストの後ろから見るイメージでも，クライエント・家族の後ろから見るイメージでも構わない。ひとまず，自分を含むシステムについて考えてみることが大事なのだ。

　同時に，面接が行われている組織の機能や構造を俯瞰する視点も不可欠である（吉川，2009）。スクールカウンセラーとして面接に期待されている役割と，心療内科の一心理士として面接に期待されている役割は異なっているだろう。このような視点は，セラピストの置かれた状況に合わせた専門性として必要であるし，そこには役割としての責任性が生じると考えられる。

　システムズアプローチと聞くと，操作的・機械的なイメージを持つ方がいると思う。特に，これまで使われていた「戦略」「介入」等の用語は，そのイメージにつながりやすい。今後，どのように表現していくことが適切かについて考える必要があるだろう。しかし，クライエント・家族に何かを言おうとする前に，考えなければならない問題はセラピストの枠組みである。セラピストもクライエント・家族同様に一人の人間であり，得手不得手やさまざまな価値観を持っている（中野ら，2018）。それは，わたしもそうであるが，セラピスト自身の体験や日常生活に影響された考え方と無関係ではないだろう。それらに自覚的になりつつ，利用しつつ，自身の枠組みを広げようと試みることが大切である。わたしの場合，そのきっかけが「逐語記録」と「臨床日記」だった。修行はすでに修了しているのだが，今後も面接でのわたし自身は常に，自分の枠組みにチャレンジする新しい自分でありたいと思っている。

▌VI　おわりに

　さて，社会人だったわたしが心理学を学んでみて，人が理解できるようになったのか。答えは，当然ながら No である。それどころか，臨床心理学という学問領域への違和感が満載であった。しかし，親しかった社会心理学の先生から「人の心は，人と人の間にある」と言われ，その通りだと思いながら学び続けてきた。それがシステムズアプローチにつながっているのだと思う。

　少し憂うつな気持ちで書き始めたが，たまにはこうやって思い出すのもいいかもしれない。改めて，初心忘るべからずである。今は会えなくなってしまった方も含めて，お世話になったたくさんの方への感謝の気持ちを伝えたい。

文　　献

赤津玲子（2016）私の学びという一事例研究．精神療法，増刊第3号（精神療法を教え伝える，そして学び生かす）；195-200.

赤津玲子・田中究・木場律志編（2018）みんなのシステム論．日本評論社.

東豊（2019）新版セラピストの技法─システムズアプローチをマスターする．日本評論社.

中野真也・吉川悟（2017）システムズアプローチ入門．ナカニシヤ書房.

吉川悟編（2009）システム論からみた援助組織の協働．金剛出版.

第8章

育てる，育てられる，育つ

岡留美子

I　はじめに

　臨床を学ぶプロセスでの治療者としての育ちには3つの側面がある。治療者として の自分をどう育ててきたか——自分を対象化する能動態の世界である。治療 者としてどう育てられたか——諸先輩から教え育てられ，そして患者／クライエ ントの皆さんとの協働作業と相互作用を通じて教えられ育てられるという受動態 の世界である。治療者としてどう育ってきたか——自ずと立ち上がってくる治療 者としてのあり方を振り返ることで気づくものであり，それは中動態の世界であ る。

II　臨床での育ち——自分をどう育ててきたか

1．自分の意志で自分を育てる

　精神医学，臨床心理，精神保健福祉，看護や作業療法など臨床に携わる分野を， 将来の職業として選んだときのことを思いだしてみよう。選ぶということは，そ の分野での専門家になろうという意志を持ったことになる。当然のことながら， 学校で学んだことだけでは臨床はできない。臨床を実践するには，学校で学んだ 知識を土台として臨床で使いこなす技のあれこれを身につけ，機動性を持った治 療者としての自分を構築しなければならない。数ある流派・技法の中から，これ を学びたい・身につけたい・自在に駆使したいと望むものを選択し学んでいくこ とになる。治療者として機能できるようにという意志のもとで学びが始まり，自 分がどれだけ身につけられたかを評価しながら進む。

　しかし，である。上に述べたような状況で学びつつあるとき，私たちは「自分

を育てる」という意志を明確に持つと言えるのだろうか。「学びたい」という意志
を持ったということは肯えるだろう。皆が自分を「育てる」対象として意識する
のだろうか。自身を振り返ってみると，そのように意識的に自分を育てるという
あり方はしてこなかったと思う。臨床実践に必要なものを学ぶことで手一杯で，
そこには「自分を育てる」という自己を対象化する眼差しはなかった。

２．研修医時代の学び

　自らを振り返ってみる。研修医時代，家族療法とプレイセラピーに出会った。
この２つが臨床の出発点に出会った流派・技法である。

　受け持った神経性食欲不振症の患者の治療経過を家族療法の視点からまとめる
よう指導医から助言を受けた。日本家族療法学会で発表し，それをもって研修を
無事終えた記念にせよとのことだった。にわか仕込みで家族療法の本を何冊か読
み，日本家族療法学会に入会し，発表を終えた。その後，家族療法を入り口とし
てブリーフセラピーの世界に足を踏み入れることになった。

　研修医時代，医局から派遣されて情緒障害児短期治療施設（情短）の嘱託医を
務めたが，勤務医になった後も数年続いたその仕事では，プレイセラピーを担当
した。筆者以外のセラピストは皆ベテラン臨床心理士だった。情短の治療部門の
責任者は「本など読まなくてよい。とにかく子どもと一緒に過ごすこと」という。
週１回，１人の子どもにつき１時間，１日３人のセラピーだ。ボール投げ，楽器
演奏，ゲーム，お絵かき，箱庭と忙しい。ことばをメインのツールとしない治療
（芸術療法や運動療法）に触れる糸口となった。

　勤務医時代は，家族療法に興味を持つ同僚２人とともに手探りで家族療法を実践
した。定時の仕事を終えた後，ケースワーカーの面接室を借りて，家族療法の３種
の神器（ビデオカメラ，インターホン，ワンウェイミラー）を揃えて面接を行った。
摂食障害のケースだったが，システムズアプローチの技法を使い家族への介入を行
った。そして，毎週の読書会。Jay Haley, Steve de Shazer, Bill O'Hanlon, Milton
Erickson などを読むことになる。面白い本を探し出す嗅覚の鋭い先輩が選んだ原書
を読んでいった。１人ではなかなか読破できないが，３人なら続けられた。

３．ブリーフセラピーとの出会い

　80 年代の終わりには第二次家族療法という流れが現れ，それがブリーフセラピ
ーと称されるようになり，「日本ブリーフサイコセラピー学会」（略してブリーフ
学会）も誕生した。早速入会した。

　パラダイムシフトを目の当たりにした高揚感に溢れた揺籃期を経て，ブリーフ

学会は成熟期を迎えた。複数の流派の集合体としてのブリーフセラピーは，brief and effective な技法から出発して，当事者主体の姿勢で collaborative なセラピーに変貌を遂げている（と思う）。いずれの流派・技法にも等しく有効性があり，互いにリスペクトしながら学びあう姿勢が魅力だ。

　私はブリーフ学会を足場にして，解決志向アプローチ，ナラティヴ・セラピー，エリクソニアン催眠，EMDR，TFT，手あたり次第という気がしないでもないが，とにかくこれらを熱心に学んだ。

4．漢方との出会い

　医師にだけできる治療行為がある。薬の処方だ。向精神薬を巡っては葛藤があった。勤務医時代の大規模精神科病院には多数の長期入院患者がいた。そして多剤大量処方。こんな大量の薬が本当に必要なのか。副作用で錐体外路症状がでているではないか。副作用止め追加でさらに薬剤数が増える。これを続けていいのか。よし，減薬を試みよう。こう決心して減薬する。減薬により患者の動きがスムーズになる，顔に表情が戻ってくる，やはりあんな大量の薬は不要だったんだ――と喜ぶ間もなく，あっという間に精神症状が再燃する。やむを得ず増薬で元の木阿弥。やはり薬は必要なのか，でもこんなに大量に使うのは納得できない，なんとかできないのか。薬を減らしたいが減らせない。この繰り返しだった。

　その葛藤の中で，減薬の手段として漢方薬を活用できないかと思うに至った。独学での勉強を始めた。専門書は難しくてわからない。そこで，実践的な話が聞ける講座や研修会で学ぶことにした。精神科にまつわる漢方の話は少なかったが，断片的知識を寄せ集めていくと精神科領域でも漢方が役に立つことがわかった。漢方は心身一如の医学であり，もともと精神医学を内包するものであることに気づいたのだ。精神科臨床で漢方は使える。勤務医時代には十分活用できたとは言えないが，開業以後漢方は有効なツールとなった。

　臨床をどう歩んできたかを振り返ってみた。自分が，「これがよい。これを学びたい。必要なものだ」と認識し，積極的に選び取ったものはブリーフセラピーと漢方である。事後的に振り返れば，これらを治療のバックボーンとするために能動的に動いてきたと言えるだろう。

▌Ⅲ　臨床での育ち――自分はどう育てられたか

1．同業者から育てられたこと

皆さんはどのような師，先輩，同僚のもとで臨床を学び，育てられたのだろう

か。置かれた環境によってさまざまであろう。

　私は研修医と勤務医の時代は，大学病院および大規模精神科病院で教育を受けた。大学病院ではクルズスというミニレクチャーが10回あり，精神科診療の基本を教わった。入院患者一人につき指導医が一人ついて，治療の難所では助けてくれた。精神科病院では入退院カンファレンスと毎週の症例検討会で先輩・同僚から診たてや治療方針の助言を受けた。思春期を専門とするカリスマ精神科医のもとでの若手精神科医の症例検討会があり，そのドクターがクリニックを閉じるまでの10年間通った。また，大学医局では「思春期及び精神病理」の研究グループに属しており，その症例検討会にも断続的に参加した。大学には特別枠の思春期外来があり，勤務医時代は研究生の資格でその外来を担当した。

　時に厳しい指摘や叱責もあったが，私が受けた指導・教育は概して穏やかなものだった。まだ駆け出しの頃から，治療者として尊重する姿勢を周囲は示してくれていた。勤務医当時の同僚が分析系のスーパービジョン（SV）を受けていて，「SVを受けると自分の至らなさでどんと落ち込んでしまい，なかなか立ち直れないんだ」と漏らすのを聞いた。勤務医時代，SVを敬遠していた。

2．他職種から育てられたこと

　10年目に開業することで環境は一変した。医師一人，受付事務員数名だけのミニマムなクリニックだ。自由に話せて情報や知恵を授けてもらえる医局はない。開業医は孤独なのだ。そこに同業者から地域での精神医療の勉強会参加への誘いが届き，渡りに船と飛びついた。

　その勉強会は精神科医，臨床心理士，看護師，保健師，精神保健福祉士，小学校から大学までの教員，障害者支援施設職員などが参加する緩やかな集まりだ。症例検討あるいは最新トピックについて勉強をする。症例の守秘義務以外は，参加も欠席も自由。当初はその会の発足呼びかけ人のドクターの診療所で，途中からは私のクリニックで，コロナ禍以後はオンラインで続いている。

　多職種が横並びの関係で学ぶ。多職種が揃っていることの強みは，特に症例検討会で発揮される。職種が違うと見えるものが違うし，対応も異なる。

　私がこの会の症例検討で発表をしたときのことだ。症例は，統合失調症の診断名を途中でアスペルガー症候群（自閉症スペクトラム症）に変更した患者。発達障害の人たちが統合失調症に誤診されていることへの注意喚起のつもりで発表した。病名変更に至った理由を告げたとき，患者は「そうでしたか」という素っ気ない反応だったので私は少し拍子抜けした。しかし，患者は驚き戸惑っていたがために鈍い反応を示したに過ぎなかったのだ。次の診察では，病名変更に対して

激しい抗議を突き付けられてわかった。私はあれほど丁寧に説明し，あなたは理解したではなかったかと困惑した。市役所，保健所，他の医療機関を訪れ，患者は自らの困惑を怒りの衣にくるんで訴えた。病名変更告知がもたらした大きな動揺を私は検討会で報告した。地域の精神保健分野の専門家たちは，発表内容を聞いてその匿名患者が誰なのか自ずと理解した。各機関の担当者は巧みに対応してくれていて——保健師は患者の落ち着くツボを押さえた対応をし，PSW は障害年金打ち切りを恐れての反応と見抜き，病名ではなく生活上の障害の度合いがポイントだと説いて患者の不安を軽減させた——私は知らないところで助けられていた。その間の消息をこの検討会で知ることになったのである。

　他の職種から教えられた場面をもう一つ。先に示した情短でのケース会議での出来事だ。小学生を受け持っていた。活発な男の子で公園での外遊びが多かった。情短は入所施設である。子どもたちは日中小学校に通うが，施設は生活の場であり，生活指導員が寝食をともにする。プレイセラピーの状況を私が報告する。次いで生活指導員による報告がなされ，私は驚いた。「○○ちゃんは，昨日の夜，公衆電話の受話器を握りしめていました。自分の状況をお父さんに報告していたんですね。でも，電話はつながっていませんでした」と言うのである。面会に訪れることのない家族に向かってファンタジーの世界で話をしていたのだ。プレイセラピーの時間には決して見ることのない彼の姿だった。

　治療の場での彼らの振る舞い，表情，語ることばは彼らの在り方の一端を示すに過ぎない。職種が違えば，見える側面も違う。だからこそ，支援をしていくためには他の職種との連携が欠かせない。当たり前のことであるが，それを改めて教えられた。

3．患者から育てられたこと

　今でも失敗を繰り返しており，それを思いもよらない状況で患者から指摘を受けることがある。それについても触れたい。

　複雑性 PTSD の男性患者。週 1 回の治療を数年にわたり続けてきた。転院時には山のようにあった精神科薬を，必要最小限まで慎重に減量した。心身の回復が進み，10 年ぶりに仕事にも復帰できた。治療はゆっくりではあるが順調に進んでいると評価していた。

　その日もいつものように診察を終えた。次回の予約を取り帰っていった。翌日受付に電話があった。普段の穏やかな口調と違い，暗い投げやりな口調だったと受付職員が言う。電話口で彼は希死念慮を口にしたという。折り返し電話をした。いくばくかのやり取りをして，次回診察でまた話そうということになった。

　翌週,少し元気はないが落ち着いていた。一体何があったのかを尋ねた。「先週先生は次の予約を取るときに,『次はいつがいい?』と言った。それを聞いた途端,『ああこの医者も前の治療者と一緒だ。僕を見放すんだ』と感じてしまい,途端に,死にたいと思った」と言うのだ。受診曜日は基本的に彼の仕事の休みの日に固定しており,いつも「○時でどうですか?」と聞かれていたと彼は言う。「いつがいい?」ということばを何時がいいかと言うつもりで私はうっかり尋ねた。だが,患者はそう受け止めなかった。「毎週1度の診察の約束のはずなのに,この医者はそれを反故にしようとしている。自分を見捨てようとしている」と思った。以前の治療での傷つきがフラッシュバックしての希死念慮とそれを訴える電話だったのである。ことばの使い方が不適切であったことを詫び,以後次回予約の時は必ず,「何日の何時でどうですか?」ということばを使うようにしている。
　このように,ほんのちょっとしたことば使いの緩みが,患者によってはフラッシュバックや解離を起こすことがあることを思い知らされた。治療の場でのことばは時には患者の心をえぐる凶器になりうる。
　このケースとは逆の場合もある。切羽詰まって,どうしていいかわからない場面で思わず発したことばが状況を一気に変えたという出来事だ。
　勤務医時代のこと。外来受け持ち患者が一般科外来の夜間救急を受診した。腹痛を訴え,鎮痛剤の注射を求めた。鎮痛剤依存症だ。当直医は鎮痛剤注射を毅然と断り,患者は暴れた。やむを得ず当直医は一般科病棟に入院させた。翌朝,私は一般科病棟に呼ばれた。腹痛は治ったので退院してもらうことになる。主治医から退院を告げるようにという要請だった。一体,こんな時どういうことばをかけたらいいのだ。下手をするとまた大暴れになる。どうしよう。
　病室のドアを開けるとベッドからきつい眼差しで睨み付けられた。咄嗟の一言で「お腹が痛いの,治って良かったね」と声をかけた。患者はにっこり笑い,それが糸口となって無事退院にこぎつけた。薬以上に「良かったね」の一言が患者の心には効いた。ことばの持つ力を教えられた。

4. スーパービジョンで育てられたこと

　地元で神田橋條治先生のSVが年1回開催されることになった。神田橋先生のSVはレジュメを使わない。バイジーが自分のためにメモを用意するのは構わないが,配布資料やパワーポイントは参加者の自由な連想を制限するため使わないのだ。
　私はそのSVで奇妙な体験をした。「患者は40代の男性で……」と症例の紹介をし始めた途端,「あ,その患者は双極性障害ね」と先生。私は度肝を抜かれた。

なぜなら，始めのことばの後に「統合失調症という診断を受けていましたが，転院してこられてからの治療経過を通じて診断名への疑問が生じていて，それを検討いただきたいと思って提示することにしました」と続けるつもりでいたからだ。いきなり断定されて，頭の中で準備していたことばは吹っ飛んだ。

　奇妙というのは，病名を言い当てられたことだけではなく，その後の私の体験である。SV の間，「今の発言は患者のことを言っているのだろうか，私のことを言っているのだろうか，それとも両方にかけて今の発言をなさったのだろうか」と私は混乱した。こちらが予想もしていない方向からの質問とコメントが続き，あらかじめ準備していたことばは通用しない。周到な準備は見事に打ち砕かれた。準備してきたことばではなく，まさに今ここでのやり取りに終始する 2 時間だった。SV は本来そういうものなのだが。

　SV で起きたのは，先生の最初の一言で私は普段とは違う意識状態に瞬時に導かれたということだった。のちにエリクソン催眠のワークショップに参加してトランス誘導を体験して気づいた。あの SV で自分が導かれた特別な意識状態，あれはトランスだったということを。トランス状態では学びが深まるが，神田橋先生の SV で私はトランスに入っていた。先生がそれを意図されていたかどうかは分からない。

5．ワークショップで育てられたこと

　ブレント・ギアリー Brent B. Geary 先生によるエリクソン催眠のワークショップに初めて参加したときのことだ。初級だったがワークは難しかった。「トランスに入れて，3 つの逸話を使う」というワークがあった。15 分くらい逸話の想を練る時間を与えられた。私がセラピスト役，クライエント役は面識のある人だった。

　「手つかずの課題に着手できるようになりたい」というゴールだったと記憶する。自然界の現象，動物，人間という 3 つの逸話を用意した。ワークに入り，トランス誘導し，逸話を語り始めた。私にとって不思議な体験であった。先ほど短時間で用意した逸話を，初心者に過ぎない私がなぜこうも堂々と語っているのか。ワークが終わって気づいた。クライエント役の方の反応に呼応するように私もトランスに入っていたのだ。だからあのような語りができたのだと。相手が当方に示してくれた信頼，それに基づく 2 人の関係性の中であの体験があったのだということに気づいたのだった。催眠に限らず，セラピーでは相互信頼が欠かせず，波長がうまく同期して初めてうまくいくのだと理解した。

Ⅳ　臨床での育ち──自分はどう育ったか

臨床力は「育てる」とか「育てられる」よりも「育つ」ものだろう。國分（2017）は『中動態の世界』で，中動態について説明している。主体の動きがその外側で完了する過程を表す，すなわち自分で行為を起こした結果，他者が変容するものが能動である。そして動作主がまさにその内側にあることを示す，すなわち，自分で行った行為がそのまま自分の状況に還元されるものが中動である。受動は中動から派生したという。

私たちは治療者として自らを育てたり，育てられたりするということはできるのだろうか。

自分を育てるためにある流派・技法を選ぶ時，私たちは自分で主体的に意志を持って選んだつもりでいる。しかし，実は自分の気質や性格，体質にフィットするものに自ずと引き付けられ，興味をもつというのが実情ではないか。意志を持って選んだのではなく引き付けられたのだ。ということは，能動的に自分を育てたつもりでも，中動態的に自分が育ったと言う方が適切なのではないか。

臨床家として育てられたと感じることを検討してみよう。同じ場を経験してもそこから自らの変容が起きる人もいるし，起きない人もいる。そこで起きたことに気づく，そして自分の中の何かが反応し，変容し，その結果そこから学ぶという状況を経た場合に，私たちは育てられたという認識に事後的に至るのではないか。「気づく」「反応する」「変容する」「学ぶ」，これらはすべて中動態である。

つまり，「育てる」（能動態），「育てられる」（受動態）という認識はともに「育つ」という中動態の世界に還元されていくのではないか。

Ⅴ　おわりに

臨床での育ちについて私見を述べた。最後に触れたいのは，治療者の育ちと患者の回復の類似である。

メンタルヘルスに関わる多職種の勉強会を紹介したが，オンラインになってから強く感じるのは，この症例検討会はまさにオープンダイアローグ（OD）の世界であるということだ。治療に行き詰った，あるいは方向性を見失いそうなときに，症例提示する。同じ職種でも診たては異なるし，他職種だとその職種ならではの見解が示される。それらがポリフォニーとして提示者に届く。その後行き詰っていた治療は再び動き出す。これは急性期の患者がODを経験する中で回復してい

くプロセスと重なるであろう。

　SV での体験に目を向けてみよう。SV の場では，治療者としての自分の在り方を振り返り，ある方針を選ぶに至った理由を振り返り，この治療でどういう方向を目指すのかを言語化することになる。これは当事者研究とよく似たプロセスである。

　治療者の育ちと患者の回復がこのように類似しているのは，ともに中動態の世界を生きるのに他ならないからではなかろうか。

文　　献

國分功一郎（2017）中動態の世界．医学書院．

第9章

タテの学びからヨコの学びへ，そして今

八巻　秀

I　はじめに

「私がどのように"学び"のスタイルをつかみ，いかに"臨床を学び，自分を育ててきた"か」

本小論では，このようなテーマで，少し過去に遡って，私自身の「学び」の歴史を振り返るところから書かせていただくことにする。

振り返ってみると，中学校・高校時代は，ずっと部活動の卓球に熱中し，卓球の戦術・戦略については考えることはあったが，それ以外は勉強・学びというものをほとんどしなかった「卓球バカ」であった。当然の如く，大学受験に失敗し，恥ずかしながら，受験浪人時代になってやっと「学ぶ」ということを意識し始めたのである。そこから始まり現在までに至る私の「学び」のあり方の変遷を辿りながら，最終的に「臨床を学ぶ」ことの特殊性や意義について，現在の私の考えを述べてみたい。

II　大学浪人時代の「学び」

私に「学ぶこと」の面白さを初めて体験させてくれたのは，大学受験予備校の数学講師の渡辺次男（通称「なべつぐ」）先生である。なべつぐ先生と初めてお会いしたのは，受験浪人が決まり，故郷の岩手から上京して，東京での浪人生活が始まってすぐの某予備校での春期講習であった。その当時，成績は全くダメだったが，なぜか「数学」に惹かれていた自分がいた。さっそく朝から夕方まで数学だけをやる春期講習を受講し，その担当講師がなべつぐ先生だった。その当時で思い出せることは，まずはなべつぐ先生の授業が抜群に面白かったこと。授業中

は先生の説明がどんどん自分の中に入ってくるのを感じ，授業の合間の休み時間の度にわからなかったところを，しつこく何度も講師室にいる先生に質問しに行ったことも思い出す。

　何度目かの質問を終えて，教室に戻ろうと背を向けた時，後ろからなべつぐ先生に「おい！」と大きな声で呼び止められた。その時は「あまりにしつこく質問するので，怒られる！」と瞬間的に思いビクッとしながら振り返ると，なべつぐ先生から出てきたセリフは

　「君はホント頑張るな！」

　そのことばを聞いた瞬間から自分の「学び」の意欲に，ハッキリと火がついた（やる気スイッチが入った?!）のを今でも鮮明に覚えている。この時，「今，自分は頑張って“学んでいる”んだ！」，そんな意識が芽生えたのだと思う。

　今振り返ると，ここから始まった浪人時代に，自分の最初の「学び」のスタイルが作られたと思う。そのスタイルとは「しっかりとその専門の“師匠”について教えを乞うこと」。そのことによって「学び」を深めていくことができるということを，浪人時代の経験を通して得たと言って良いだろう。この「学び」のスタイルは，その後の大学生活や私立学校の数学教員生活，そして臨床心理学の学びに変わってからも，その道の「師匠」を常に求めていく学びの姿勢として，しばらくの間，続いたのである。

Ⅲ　心理職の修行時代の「臨床の学び」

1．心理職駆け出しの時代の学び

　大学を出て私立中高一貫校の数学教師になったが，そこでのさまざまな体験から「心理学を学びたい！　臨床心理士になりたい！」という思いが強くなり，思い切って教師を辞め，駒澤大学大学院に入り直した。そこに非常勤講師で来られていた精神科医の柴田出先生と出会う。その柴田先生からお誘いを受けて，当時先生が院長をしておられた精神科クリニックで「心理職としての学び」が始まることになった。1992年のことである。結局クリニックには8年間お世話になったが，この8年間は，まさに自分にとって心理職としての修行の時代であった（八巻，2007）。

　最初は，院長の診察の陪席から始まり，精神科クリニックに訪れるさまざまな患者の病態像の多様さに，ただただ驚くばかり。次第にケースを担当するようになっていったが，最初はドロップアウトや，うまく展開できないケースが多く，担当したケースについて院長に報告をしに行く度にダメ出しの連続。ある時には

「八巻君は，まだまだ臨床の基本がわかっていませんね！」とまで言われてしまう始末であった。その頃のクリニック勤務の帰り道では情けない気持ちでいっぱいになり，「やはり自分は心理職には向いていないんじゃないか？」と自問する日々が続いていた。

　当時のクリニック全体は，院長が志向する精神分析と催眠の理論や技法を大切にしていたので，その考え方や技法を，院長からのスーパーバイズや教育分析などによって，徹底的に叩き込まれていた。そのような中，ある時は院長から「八巻君は，3歳までに母親から愛されたことが少ない『口愛期固着』がありますね！」とも言われ，クリニックのトイレで理由もわからず混乱して涙を流したこともあった（その直後に，実家に電話をして，3歳までの育て方を母親に尋ね，「何バカなこと言っているの！」と怒られたのは，今から思えば，赤面もののエピソードである）。

　実は，すでに教員時代にアドラー心理学の本（野田，1989）を偶然本屋で見つけて，Adler, A. の考え方に惹かれていた自分がいたのだが，この頃の私は「師匠（＝院長）の精神分析的“教え”を守っていかなければ，この世界で生きていけない！」という危機意識を持っていたため，アドラーはいったん封印していたのだった。今から思うに，この頃は予備校時代に培った「師匠からの教えを懸命に学ぶ」ことに必死だったのである。

2．医療事務Uさんからのスーパーバイズ

　そのような「師匠から学ぶ」という「臨床の学び」のスタイルが，大きく変わるきっかけとなった1つの出来事がある。

　それはクリニックに勤め始めて4年目の梅雨の頃であった。その日もケースを担当した後，院長からの指導を受けながら，やはり私の臨床についてダメ出しをされて，落ち込み気味で院長室から隣の待合室に出た時だった。待合室の奥にはガラス越しに事務室があり，そこにはいつも医療事務のUさんが座っていた。待合室を出た自分とUさんと目が合った途端，Uさんはニコッと笑みを浮かべながら私を手招きしたのである。そこで事務室に入ると，Uさんから

　「何，また院長から怒られたの？」と言われ，

　「はい……」と気弱なか細い声で答えると，Uさんからは意外なことばが返ってきた。

　「まあ〜あまり気にすることないよ。今日は院長，機嫌が悪い日だから」とUさんが優しく自分を慰めてくれていると思い，ありがたい気持ちを感じながらも

　「そうなんですか？　いや〜でも自分の力が至らないから……」と答えると，U

さんから，

「八巻さんさ〜院長のことちゃんと見てる？　院長も一人の人間なのよ」ということば。

「えっ？　院長のことをちゃんと見てるって……」Uさんからの意外なことばに驚きながら返事をすると，さらにUさんから

「ちゃんと院長の心理を読んでクセを知るってことよ。まあ，ここに立って見ててごらん，３分以内に院長が院長室から出てくるから」と予言めいたセリフ。そのことばに従い，事務室にそのまま残ってUさんの隣に立っていると，何と，ものの１分もしないうちに，Uさんの予言通り院長が出てきたのである。そして院長はUさんに声をかけて，すぐに院長室に戻っていった。唖然としている私を横目に見てUさんがさらに語る。

「八巻さん，もっと院長をしっかり観察しなきゃ。このクリニックは院長が中心の現場なんだ。その院長の特徴をしっかりつかまなきゃ，ここでのカウンセリングはいつまで経ってもうまくならないよ！」

3．「あらゆる人たちから学ぶ」という発想

そのUさんのことばは，私に強い衝撃を与えた。いや，目から鱗が落ちたという表現が良いかもしれない。それまでは，専門書を読み，患者の状態やその心理，そして自分の心理を観察し，また院長という師匠の教えを乞いながら，一生懸命「臨床」を学ぼうとしていたスタンスに対して，Uさんは「もっと幅広い視野や発想を持って学べ！」と私にアドバイス，いやスーパーバイズしてくれたのだった。

この日を境にして，それからはケースに限らず，事あるごとに事務室に立ち寄り，Uさんの観察による「事務室から見える患者や院長・スタッフの様子」を尋ねる機会が増えていった。そのことを通してUさんからは，院長や他の心理スタッフからとは明らかに違う「視点・ものの見方」を学ぶことができたのである。

その視点とは，

「このクリニックでのセラピーは，自分一人だけでやっているのではなく，院長はじめクリニックにいるすべてのスタッフからの影響も受けている，このクリニック全体でセラピーをしていると考えて，個人のセラピーに臨むこと」という考え方に集約できるかもしれない。

このような考え方を自分の中に浸透させながら，日々の臨床に臨んでいったところ，面白いことに，それからは，クリニックにおいて自分が担当するケースのドロップアウトがほぼなくなり，さらに良い展開をするケースが増えていったの

である。

　この頃はまだ「システム論」という考えを知らなかったが，今から思うに，この出来事をきっかけに「システム論」的ものの見方も大切にした臨床を始めたと言っても良いだろう。さらに面白いことには，この出来事から半年と経たないうちに，東豊先生（当時は九州大学。現在は龍谷大学）のワークショップを受ける機会にも恵まれ，「システム論」の考え方や「ジョイニング」という技法を初めて学ぶとともに，その発想に強く共鳴し，「この考え方や技法を自分の臨床に取り入れていこう！」と強く思ったのも，今から思うと偶然のような，いや必然であったのかもしれない。

Ⅳ　「臨床の学び」のスタイルの変化

1．主体的な「臨床の学び」へ

　この「システム論」の考えを自分の臨床に取り入れるようになってから，不思議と院長のスーパービジョンで，自分が傷つく「怯え・恐れ」というものがなくなっていった。そして，院長からだけでなく，医療事務のUさんを始めクリニックの他のスタッフと，自分の臨床について積極的・主体的に意見交換する機会を作るようになっていったのである。特に土曜日はケース数も多く，とても忙しい勤務日だったが，そんなケースの合間に事務室でUさんを囲んで他の心理のスタッフと一緒にケースのことなどについて話し合う「プチ・カンファレンス」は，とても勉強になる時間であった。そんな経験を積み重ねて，次第に自分が臨床していく際の「肩の力」が抜け，ある意味「楽」に臨床ができるようになっていった。

　また，それまでどこか受け身気味で参加・発表していた学会に対しても「もっと自分の臨床を多くの方に見ていただいて，いろいろな意見をもらう機会が学会なんだ」と主体的に考えるようになり，積極的に参加し学会発表するようになっていった。それまでは1つだけの学会で発表をしていたが，他の学会でも参加・発表しようと，日本ブリーフサイコセラピー学会にも入会し，入会直後の大会（東先生が大会長をされた第10回米子大会）で，学会発表をしたのである。この時の発表演題は「セラピストが『主体的になる』ということ」（八巻，2002）。発表内容は，当時自分が大切だと思っていた臨床における考えを発表したものだったが，参加者の反応は賛否両論（?!）。ただ，この発表をきっかけにして，学会でいろいろな方から声をかけられることが多くなり，少しずつ意見交換する機会ができていった。

2．「師匠から学ぶ」から「仲間から学ぶ」への変化

　この頃から，それまでの「師匠」を探そう・学ぼうとする自分ではなく，ともに臨床について語り合う「仲間」を作り・学ぼうとする自分に，次第に変化していったように思う。この頃に出会った「仲間」は，ブリーフサイコセラピー学会はじめさまざまな学会や研究会で出会った同業者だけでなく，受付業務や看護師，医師，弁護士などの異職種の方もいた。それらの方々は皆日々臨床現場で格闘している「仲間」として，臨床における悩みや，時々プライベートの話なども，時には酒などを酌み交わしながら，熱く語り合ったものである。それらの体験は，それまでの「師匠からの学び」とは明らかに違う，新しい「仲間からの学び」だったと思う。

　この「仲間」の一人を紹介するとしたら，同じ臨床仲間であった高橋規子さん（心理技術研究所）だろう。残念ながら高橋さんは 2011 年にがんで亡くなられ，その思い出については 1 度書かせていただいた（八巻，2011）。そこでも少し描いた高橋さんからの「学び」は，やはりストイックなまでの臨床家としての「認識論」を徹底的に追求し続けた姿勢である。師匠の命のもと，モダニズムからポスト・モダン（社会構成主義〜ナラティヴ・アプローチ）への自分の臨床における認識論を変更させようと格闘・苦悩し，そしてそれを乗り越えていく様子を，学会や研究会での高橋さんの姿から見せていただいた（高橋ら，2011）。そしてがんの闘病の最中であっても，その格闘の結実としての「外在文化（人）」という臨床思想（八巻，2017b）をまとめ上げていった心理臨床家・実践的研究者としての真摯な姿勢は，今でも思い出すたびに，身が引き締まる思いになる。同時に「八巻さん，ちゃんと臨床やっている？」と今でも高橋さんが天国から語りかけているようにも思う。

3．大学院生と共に「学ぶ」

　2001 年から秋田大学に勤務し始め，そこから臨床心理士養成のための大学院教育がメインの仕事となった。その時から現在の駒澤大学まで続く臨床心理士・公認心理師を目指す志のある大学院生たちとの対話も，私にとって「臨床の学び」の大きな経験である。

　大学に勤務し始めた当初から，自分が担当するケースには必ず大学院生を陪席させ，ケース終了後に院生からの感想をはじめ疑問やコメントなどを聞くようにしていた。これはすでに封印を解いていたアドラーの臨床指導のやり方（Adler, 1930）を真似たものであった。アドラーがウィーンの教育研究所で実際にやって

いた方法を参考にしたケース後の院生との対話は，次第にケースについてだけでなく，心理臨床全般についての議論へと展開していった。その時間は，名目上は「臨床指導」ではあるが，実際は院生からもらうコメントやそれを通しての意見交換の場であり，私にとって大きな「ともに学び合う，学びの場」になっていったのである。

このような「大学院生と共に学ぶ」ことができたのは，アドラーを参考にしたこともあったが，「最近の若い者は〜」という平成の親父的（？）なセリフや態度をとることに，元々嫌悪感を抱いていたこともあり，大学教員になった当初から，一人ひとりの大学院生を一社会人として，そして対等な「臨床を学ぶ仲間」として捉えていた自分がいたこともあったかもしれない。

年齢や立場，あるいはキャリアを越えて，人として対等なヨコの関係・水平的な関係であるのが「仲間」であり，その「仲間」関係では「対話」によって「学び」が創出されるだと思う。

V　これまでの「学び」を振り返って

1．臨床における「タテの学び」と「ヨコの学び」

こうして自分の「学び」の歴史を振り返ってみると，浪人時代から始まった「師匠を求め，その教えから学ぶ」という「タテ方向の垂直的な関係による学び」を求めるスタンスから，「仲間を作り，その対話から学ぶ」という「ヨコ方向の水平的な関係による学び」を志向するようになってきたと言えるだろう。

今となって思えば，自分の「臨床の学び」のスタイルは，「ヨコ・水平的」な方が肌に合っていたのかもしれない。そして，現在の自分の臨床実践のスタイルそのものも，クライエントや家族と「仲間」になり，ともに「対話」することを大切にしている。当然そこでは，クライエントや家族という「仲間」から「学び」ながら，より良い「解決」を一緒に作るという作業をしているのだと思う（八巻，2017a）。

しかしながら「臨床の学び」のあり方の結論として，

「タテの（垂直的な）学びより，ヨコの（水平的な）学びの方が良い」

と言いたいわけではない。あくまでもタテとヨコの学びのどちらを優先して学ぶかは，その人自身のタイプや嗜好性，その時に必要なタイミングなどにもよるものだと思う。

今，あらためて「臨床の学び」について思うことは，

「臨床の学びのプロセスにおいて，タテとヨコの学びのいずれかが優位になる，

あるいは優先することがあるのは当然であるが，結果的には両方の学びをバランスよく持っていくようにするのが良い」と思っている。例えば，高橋規子さんは，師匠からの「タテの学び」をしつつも，その師匠のお弟子さん達と「家族」のような「ヨコの関係での学び」をしていたと思う（八巻，2011）。

2．現在の私の「臨床の学び」のスタイル

そして，あらためて現在の自分の「学び」のスタイルはどうなっているかと考えてみると，「ヨコ（水平）的な学び」を続けながら臨床実践を行っているが，その一方で「タテの学び」として「心のスーパーバイザー」を持っていることも自覚するようになってきたのである（八巻，2017a）。

今でも臨床で迷うことは，もちろんある。そんな時，臨床家として尊敬するアドラーや高橋規子さんの著作（Adler, 1929；吉川編，2013）などを読み返してみると，それらの本を通して，お二人の臨床家からスーパービジョン，いや，別の見方を提示してくれるエクストラ・ビジョン（岡野，2003）を受けているように思えるのである。これは東（2021）が述べている「縦型P循環」によるエクストラ・ビジョンと言えるのかもしれない。

これからも，仲間との語らいによる「ヨコの水平的関係による学び」と，心のスーパーバイザーとの対話による「タテの垂直的な関係による学び」の両方を続けながら，日々精進しながら臨床にのぞんでいきたい。この論文を書き終えようとしている今，あらためてそう思う。

文　献

Adler, A.（1929）The Science of Living. New York; Doubleday Anchor Books.（岸見一郎訳（2012）個人心理学講義：生きることの科学．アルテ．）

Adler, A.（1930）The Pattern of Life. Edited by Walter B. Wolfe. New York; Greenberg.（岩井俊憲訳（2004）アドラーのケース・セミナー：ライフ・パターンの心理学．一光社．）

東豊（2021）超かんたん 自分でできる 人生の流れを変えるちょっと不思議なサイコセラピー．遠見書房．

野田俊作（1989）アドラー心理学トーキングセミナー：性格はいつでも変えられる．アニマ2001．

岡野憲一郎（2003）自然流精神療法のすすめ：精神療法，カウンセリングをめざす人のために．星和書店．

高橋規子・八巻秀（2011）ナラティヴ，あるいはコラボレイティヴな臨床実践をめざすセラピストのために．遠見書房．

高橋規子著，吉川悟編（2013）高橋規子論文集　ナラティヴ・プラクティス―セラピストとして能く生きるということ．遠見書房．

八巻秀（2002）心理療法においてセラピストが「主体的になること」．秋田大学臨床心理相談研究，2; 1-10．

八巻秀（2007）ブリーフセラピーが心理臨床家の要請に貢献できることは何か：スクールカウンセリングの現場から．ブリーフサイコセラピー研究，16(1); 30-35.

八巻秀（2011）高橋規子先生を偲んで．ブリーフサイコセラピー研究，20(2); 111-115.

八巻秀（2017a）トランス空間を作り，その中で主体的に振る舞う—私が心理臨床をしていく上で大切にしている8つのこと．In：松木繁編著：催眠トランス空間と心理療法．遠見書房，pp.169-180.

八巻秀（2017b）〈ブリーフ〉はどこから来たのか，そして，どこへ向かうのか：〈ブリーフ〉の臨床思想の試案．ブリーフサイコセラピー研究，26(1); 7-20.

第 3 部

師から学ぶ

…

師から学ぶ

第 10 章

宮田敬一先生から教わったこと

包括的な訓練から導かれた「哲学」と「姿勢」

長谷川明弘

┃ はじめに──宮田敬一先生について

　宮田敬一先生は，1950 年に石川県金沢市でご誕生なさり大学卒業まで過ごされた後，九州大学大学院へ進学されて成瀬悟策先生から催眠や臨床動作法や研究についてご指導を受けられた。1977 年から新潟大学で教鞭を執られ，1995 年に教授となられた後，2001 年にお茶の水女子大学，2005 年に大阪大学の教授となられ，2011 年 2 月にご逝去なさった。宮田先生は，学術面に関して国内外で活動をしてこられた。成瀬先生の勧めで宮田先生は 1984 年に『ミルトン・エリクソンの心理療法セミナー』を翻訳なさった。翻訳の過程でミルトン・エリクソン Milton H. Erickson に関する文献で名前が頻出するジェイ・ヘイリー Jay Haley からの指導を希望なさり，当時の文部省の在外研究員として 1986 年 9 月から 1987 年 7 月まで米国ワシントン家族療法研究所（Family Institute of Washington, D.C.）に留学され，ジェイ・ヘイリー，クロエ・マダネス Cloë Madanes に師事されて，ミルトン・エリクソンの催眠や心理療法に由来するブリーフセラピーの研鑽を積んで，帰国された。1991 年 5 月に若手の実践家や研究者に声を掛けて日本ブリーフサイコセラピー研究会（後の学会）を立ち上げて初代会長となられた。また 1998 年に日本ブリーフサイコセラピー学会（以後，本学会と明記）から第 1 号の学会賞を授与されておられる。本学会から 1997 年以降に研究奨励賞が出されてきたが，2012 年から宮田研究奨励賞と名称が変更となったのは，宮田先生の業績を顕彰したものである。
　宮田先生が大きく影響を受けた方は，敬称略で，成瀬悟策，ミルトン・エリクソン，ジェイ・ヘイリーやクロエ・マダネスが挙げられ，「ブリーフセラピー」「催眠」「臨床動作法」「ストラティージックセラピー」「ディストラクション（注意の

向け直し）」「東洋思想と西洋思想の架け橋」「統合」がキーワードとして挙げられる（長谷川，2012；宮田，1992ab, 1994abc, 1996, 1997, 1999, 2002, 2008, 2009）。

　本論は，宮田先生から大学院で指導を受けた中の1人として，どのような教えを受けたのかを思い出すままに一人称で記述していく。また宮田先生が大変気に入っておられた事例を紹介する。

臨床家・研究者・教育者になるための包括的な学び

　私が宮田先生に初めてお目にかかったのは，1992年1月19日午後に名古屋で開催されたワークショップであった。宮田先生の明瞭な解説や家族療法の背景にある考え方や見方に感銘を覚えた。研修会の後の懇談会の場で，今回の内容はどこで学べるのかと宮田先生に伺うと「今年の夏に学会があるから，学会に出たらいいよ」と言われ，友人達と連れだって参加したのが1992年夏に東京大学で開催された本学会第2回大会であった。今思えば，宮田先生は，学会の会長にもかかわらず，偉ぶることなく気さくに話しかけられて求められた情報を適切に提供する姿勢をお持ちであった。この姿勢は，教育だけでなく臨床場面でもどこでも変わらなかった。私は大学卒業後にさらに掘り下げて宮田先生から指導を受けたいと考えて，地元を離れて新潟大学大学院へ進学した（長谷川，2011）。1990年代半ばは臨床心理士の指定校制度や公認心理師の制度が整うはるか前であり，進学してみると大学院1年目は，指導を受ける大学院生が私だけという大変恵まれた環境であった。

　最初に思い出されるのは，学外で解決志向アプローチの研修を受けたおりに，解決像ばかりを聴こうとすることを強調した説明を受けて「消化不良」を感じた私は，講義で解決志向アプローチを話題にされた後の宮田先生に質問を投げかけた。「解決像を聴くことは，それは大切だろうけど，まずは困っていることや問題をじっくり聴いて，そこから解決像を聴くことに切り替えるようなバランス感覚が大切だよ。あくまで理論として解決を強調しているだけだよ」とおっしゃり，私の中のモヤモヤが小さくなったことを思い出す。

　修士論文指導の中では，事例研究よりも調査・実験研究で修論を書くことを薦められた。心理学の研究で多く適用されてきた量的データに基づいて考える姿勢は，臨床現場でも観察した事柄や各種心理検査の結果や個人の生育歴など「データ」を統合していくことと重なっているからであろうと理解している。

　教育センターでは，宮田先生による児童と保護者の合同面接や保護者だけの面

接の様子をワンウェイミラーの後ろから見せて頂いた。面接の内容よりも，宮田先生の前のめりな姿勢や浅く腰掛けた姿勢など状況によって身体の姿勢を変えて傾聴なさる姿と面接の終盤でブレイクを取ってチームの一員である私に意見を求められたことを思い出す。ブレイク中の様子は，「長谷川くん，どう思う？」と問いかけられ，私が一言二言を返すと，それに対してご自身の見解を早口で述べられる。このような私とのやりとりが続き，最終的に，「わかった」とおっしゃって面接室に戻られる。当時の私は，臨床現場に出る前であったので，正直，チームの一員として役に立っていたとは思えない。宮田先生は，考えをまとめる過程で連想を膨らませて面接室で伝えることを深掘りしておられた。面接の流れを毎回見せて頂き，宮田先生の思考の流れや伝達の仕方などを間近に見せて頂いたことは今思えば貴重な経験であった。私の臨床実践の基礎はこの時期の経験が根底にある。他にも障害を持った子どもを訓練する心理リハビリテイション（臨床動作法）を用いた訓練会（月例会）に参加して学んだり，宮田先生が講師を務められる研修会に同行して学んだり，大学で定期的に行われていた学校教員向けのコンサルテーションの場に立ち会わせて頂く形で学んだ。

　講義の合間に話されたことで思い出すのは，ある海外の学術団体から招聘を受けたおりに，宮田先生は，同じ分野の専門家で活躍している方がいるので，もしかして日本から2人も出席するよりも，その方に登壇してもらうのが良いと考えた。その方に問い合わせてみると「招聘の連絡を受けている」との回答を得たので，宮田先生は招聘をお断りなさった。後で分かったのは，その方は招聘をまったく受けておらず，虚偽の返事を宮田先生に伝えて，唯一打診があったであろう宮田先生が断った後に，先方から招聘の打診が代わりにその方へ届いたそうである。その事実を知った宮田先生は激怒なさり，相手に連絡を取ってその行為を責め立てられた。このような事態があったことを悲しそうにかつ怒りを通り越して呆れた感じを匂わせながら私にお話しされた。宮田先生は，このことがある前もあった後もご自身の論文の中で，その方の文献を引用なさっておられたが，以前からその方は同じような専門分野にもかかわらず，意図的に宮田先生の論文など引用をなさっておられないように私は受け止めていたので大変残念に思った。私が学んだのは，自ら評価を高めるために意図的に特定の執筆者の文献を引用しないという行為を働かないという学術の真理を追究するならば当たり前の姿勢と，学術としての評価は好悪ではなく良いものは良いと適切に認めて引用することであった。

　本学会や関連する研修会に参加すると，休憩時間に，私に近づいてこられ，「今日，この後どこか行こう」とお誘いがあった。私の他にも宮田先生がお声かけさ

れた先生方とご一緒して，そのまま会食をする機会があり，沢山の先生方をご紹介頂いた。宮田先生を介してつなげていただいた先生方との交流は今も繋がっている。

　大学院へ私が進学する前に宮田先生が米国留学から帰国後された頃のことを伺ったことを思い出した。「ヘイリーたちのところでかなり深くまで議論したりして学んだし，現地の臨床家と比較しても自信を持って対応できると思って帰国した。しかし日本に戻ってみると事例が上手く展開できなかった。日本の文化に合ったやり方に直すことに苦労したよ」と格好をつけずに率直にお話をされた。『エリクソンの心理療法セミナー』を訳したときの感想を伺ったこともある。「こんなに自由に臨床をやっていいのだ。翻訳していて面白かった」とおっしゃっていた。

　大学院修了後のエピソードは「長谷川くんは，器用だからブリーフセラピーと催眠と動作法といった介入を合わせて一つの事例に取り入れてしまうかもしれない。しかし何が効いたのか分からなくなるよ。何が効いたのかはっきりするまでは混ぜない方が良いよ」と指摘を受け，何がどのように有効なのかを探求する姿勢をいっそう自覚するようになった。一方で面接が上手く展開しなければ，一つのやり方に固執しないで，さまざまな方法を駆使して全力で支援していく姿勢を教わった。論文や口頭発表の準備をする中でも，事例の中の各要素から導かれた「データ」に基づいて仮説を立てて介入を行う姿勢と論文を執筆する上では「データ」を多角的に検討して最も合った仮説に基づいて論を展開していくことを学んだ（長谷川・飯森・江花ら，2003 など）。

「メタファー課題」を適用した宮田先生の代表的な事例 ——根底に催眠訓練

　宮田（1997）は，メタファー課題を取り入れたストラティジック・セラピーの事例を報告している。メタファー課題は，ミルトン・エリクソンの実践にまで遡る技法である。

　小学4年生の男児が両親と来談した。男児の頭髪が1学期の終わり頃から抜け始め，夏休み中にほとんど抜け落ちた。皮膚科に通院しても変わらないために11月末に相談室へ来室した。家族構成は，両親，兄，本児，弟の5人家族である。男児は，お利口な優等生タイプで両親も真面目な感じを受けたという。ほとんどの面接において母子合同で，3回（初回，8回，10回）は父親が同席した。合計10回の面接回数，7カ月半で終結した。

　面接経過は，初回から5回までに，セラピストが親に内緒で悪いことを試して

くること，成長のわかる植物を購入してその世話をすること，親のためではなく自分のために育てること，ヒヤシンスの球根を育てていて花の色を予想してもらう課題を提示した。また算数のテストで高得点が取れるならば，わざと間違えてみて，それを持参して欲しいと依頼したり，宿題をでたらめに飛ばしてやることを提案したりしていた。面接中に頻繁な咳を認めたことから緊張が窺えるので弛緩を目標として動作法によって数回支援したという。6回目頃から髪の毛が生える前兆が出てきた。7回目となる2月末に「春を探す」課題を提示した。8回目には父親が加わって家族で春を探すことを提案した。9回目の4月頃春を探すことの報告と髪の毛がほとんど戻ってきていたことを確認した。10回目となる7月に家族3人で来室して，男児の髪が完全に黒々となったことと，その間の出来事を聞いて終結となった。

　私は，本事例を宮田先生から依頼を受けてワープロを用いて清書を行った。清書をする過程で事例の詳細を伺った。この過程そのものも事例をどのように見てどのように働きかけたのかを教わる機会となっていた。宮田先生は，本事例の中で長年の催眠訓練やエリクソンやヘイリー，マダネスから学んだやり方に加えて，成瀬先生から学んだ臨床動作法を取り込んで神経性脱毛を疑う男児にメタファー課題を提示して鮮やかに髪の毛が伸びていく変化が生じるという事例の展開を示されている。臨床現場での宮田先生の言い回しは，催眠を学んだことに裏付けられた表現が含まれていたと考えられる。

おわりに

　宮田先生は 21 世紀に入る頃から心理療法における東西の架け橋や交流，仏教をはじめとする東洋思想の視点から縁や円融といった用語を用いて心理療法について説明なさるようになった。宮田先生が逝去された後に私の元に届けられた蔵書には，仏教や禅，道教といった東洋思想にまつわる文献が含まれ，それらは新潟にはじまり，東京，大阪への所属する大学が変わる中で集められた資料のようであった（長谷川，2012）。宮田先生が関心を持たれていた東洋思想の背景には，Haley が禅宗仏教を信仰していたことも影響しているかもしれない（鈴木，1987）。東洋思想が西洋文化で注目されて 2010 年代半ばからマインドフルネス瞑想という形で逆輸入のように紹介されている。今改めて感じるのは心理療法の動向に関して宮田先生が先見の明をお持ちで，現在展開されている心理療法の理論や国内外での展開をどのように捉えて実践されたのかと想像してしまう。

　宮田先生からは，臨床，研究，教育に対する「哲学」と「姿勢」を私が学んだ

と振り返った。

文　献

長谷川明弘・飯森洋史・江花昭一・宮田敬一（2003）「からだ」と「こころ」をつなぐ心理療法のかたち. 心療内科学会誌, 7(1); 33-36.
長谷川明弘（2011）宮田敬一先生を偲ぶ. 催眠学研究, 53(1・2); 5-6.
長谷川明弘（2012）統合的な立場からブリーフセラピーを再定義する―試案・私案・思案（ブリーフセラピーの今後を考える―宮田敬一先生の本会に託した思いは, 何か）. ブリーフセラピーネットワーカー, 15; 18-24.
宮田敬一（1992a）エリクソン心理療法. ブリーフサイコセラピー研究, I; 30-35.
宮田敬一（1992b）ストラティージック心理療法. ブリーフサイコセラピー研究, I; 138-148.
宮田敬一（1994a）ブリーフセラピーの発展. In：宮田敬一編：ブリーフセラピー入門. 金剛出版, pp.11-25.
宮田敬一（1994b）ストラティージックセラピーにおけるディストラクションの意義. ブリーフサイコセラピー研究, III; 151-155.
宮田敬一（1994c）ストラティージックセラピーにおける催眠の利用. 催眠学研究, 39(2); 29-34.
宮田敬一（1996）ストラティージック・セラピーの治療的枠組み. In：日本ブリーフサイコセラピー学会編：ブリーフサイコセラピーの発展. 金剛出版, pp.87-98.
宮田敬一（1997）ストラティージックセラピーにおける変化の期待の構築. In：宮田敬一編：解決志向ブリーフセラピーの実際. 金剛出版, pp.31-41.
宮田敬一（1999）ブリーフセラピーの基礎. In：宮田敬一編：医療におけるブリーフセラピー. 金剛出版, pp.9-23.
宮田敬一（2002）心理療法における動作法体験の意義と効果. リハビリテイション心理学, 30; 1-8.
宮田敬一（2008）催眠とブリーフセラピー. 臨床心理学, 8(5); 646-651.
宮田敬一（2009）ブリーフセラピーに催眠的介入を組み入れることの意義. 催眠学研究, 51; 21-28.
鈴木浩二（1987）戦略派家族療法の代表 Jay Haley と Cloë Madanes. 家族療法研究, 4(2); 90-94.

第11章

森俊夫先生から教わったこと

守り尽くして破るとも離るるとても本を忘るな

長沼葉月

▌森俊夫先生との出会い

　私が森俊夫先生と出会ったのは大学2年の秋である。比較文学を勉強したくて文系に入学したが，師事したい先生は他大学にいた。また両親の離婚や家族の病気や暴力に振り回される生活が続いており，心身の健康や支援策について学ぼうと進路変更を決めたのが大学2年の夏だった。健康科学専攻を選び，秋から始まった専門科目「人間心理学」のオムニバス講義で4コマ2回を担当していたのが森俊夫先生だった。当時はまだ長髪で，細身の体にシャツとカラフルなベストを着た，教員としては異質な風貌が目を引いた。初回から精神分析や「傾聴」中心の心理学に喧嘩を売るような話が多かった。それまで，家族が「カウンセリング」に行っては，帰宅後「疲れた」と寝込んでいたり，さまざまな愚痴をこぼしているのを聴いていた身からすると，先生の話はある意味まっとうで，こんな考え方をする人もいるんだ！と衝撃的であった。2回目には「ブリーフセラピー」の話が紹介される。システム論，悪循環といったキーワードと共に，東豊先生の『セラピスト入門』に掲載された「石まわし」の事例を臨場感たっぷりに読み上げられ，私はすっかり夢中になってしまった。黒沢幸子先生のお名前や解決志向アプローチの考えについてもノートにメモがある。帰宅して興奮と共に親に授業の報告を延々と聞かせたのを覚えている。

　次に森先生の授業があったのは翌年の「行動測定評価論」という選択科目だったが，内容はよく覚えていない。きちんと関わるようになったのは大学院に進学した後である。心理臨床に携わる教員が森先生だけになってしまったので，相談現場に出ている院生たちが森先生を招いた自主ゼミを運営しており，そこに参加するようになったのだ。最初はたまたま解決志向アプローチの連続講義だったの

で，臨床現場を持たない修士1年にとってはとてもありがたかった。ちなみにそのような連続講義を行ってくれたのはその年だけだったので，幸運だったとしか言いようがない。翌年以降はほぼグループスーパービジョン（SV）の時間であった。森ゼミは他のどの授業よりも楽しみであったが，ひたすらメモを取るばかりで質問はほとんどしない，同級生の輪にほとんど入れず，同じ研究プロジェクトに従事する先輩方にくっついてばかりの私のことを森先生はどう思ってらしたのだろう。とにかくある時期から，先輩方から臨床現場に出たいのならアピールしないといけない！と強く励まされ，不器用ながら意思表示を始めた頃に，森先生から黒沢幸子先生が主催しているKIDSカウンセリングシステムで事務バイトを募集しているから手伝わない？と声をかけていただいた。そして事務だけではなく，カウンセラーとしても機会をいただくようになった。

森先生から教わったこと

　修士1年の2月頃，森ゼミでの講義に一区切りつき，ケースSVか森先生がセラピスト役のデモンストレーション面接を行う回が続いていたある日，私にもクライエント役が回ってきた。「自分のことで話せる？」と聞かれたので，「寝不足で困っている」という話題から，希死念慮の高い母親との生活に疲弊している状況をぽつぽつと話していった。指導教員等に家庭の経済状況や受診先を相談したことはあったが，比較的大勢の人の前で生活の具体的な困りごとを話すのは初めてだった。限られた時間内で，森先生が情緒的にあたたかく聴いていた訳ではないし，何か劇的な解決策をいただいた訳でもない。ああ，こんなもんかな，とは思った。ただ，その場は決して心理的に脅かされる場所にはならなかったし，支持されていることは伝わったのだと思う。泣いてくれた先輩はいた。

　その後も，KIDSで担当した初期のケースで「こんなに若い担当カウンセラーだとは聞いていない，問題が根本的に解決したように思えない」というご家族からの苦情を受けたこともあった。その時は，森先生はむしろ冷徹なくらいきっぱりと「で，ご本人の相談事はどうなりましたか？　いま解決しているのだったら問題ありません。私が指名したカウンセラーで私がしっかり指導しています」と仰ってくださった。当の私はというと，実はあまりにあっけなく困りごとが解決したような〈本質的問題〉は何も分かっていないような気がしていたので，申し訳なさでいっぱいだった。が，森先生の返答に驚き，それと同時に，クライエントのお金をもらって相談に応じるということの責任を痛感した。もちろん，今振り返れば，本人だけではなく家族システムへのジョイニングを！と多々反省点は

あるのだが。

　森先生はあまりあれこれ指導されなかったが，聞けばなんでも教えて下さった。例えば，とある予備校のカウンセラーの仕事を先輩から引き継いだ時のことである。森先生も以前その仕事をしていたと聞いたので，先生に根ほり葉ほりノウハウを聴いた。そのノウハウには，コミュニティで仕事をするときの基本的なコツがたくさん含まれている。例えば，

- 前任者からの引継ぎはしっかりしてもらいなさい。ただし前任者はあなたとはキャラが違い過ぎるから，真似をしようとしないこと。同じことをやろうとしても多分できないし失敗する。
- カウンセリング室に閉じこもらないこと。暇を見ては職員室に行きなさい。面談があったらどんな学生か，担任に聞く。ご飯もできるだけ職員と一緒に食べなさい。飲み会の誘いがあったら断らないほうが良い。どうせ分からないことだらけなんだから何でも聞きなさい。
- 自発予約の相談がほとんどだと思うので，多くの相談者は自分で話したいことを準備してきているから，まずはそれを聴けばよい。ただし，気を付けたほうが良いことは，精神疾患の兆候があるかをきちんと見つけること。精神科病院でのインテークの経験は？――3例だけ――。じゃあDSMくらいはしっかり復習しておきなさい。――それをどんなふうに訊くんですか？――DSMでいうならA項そのまんまで良いよ。例えば，うつっぽいなと思ったら，眠れてますか，食欲は，体重の増減は，絶望感や気分は，死にたくなることはあるか，とか項目があるでしょう？　あれを頭に叩き込んでおけば，そのまま確認して良いから。
- どういうケースは医療機関に紹介するかというのは，おいおいわかる。自傷他害の恐れがある，つまり焦燥感が強かったり，明らかに病的な混乱状態だったりする場合とかかな。病識がないとよく言われるけど，病感はちゃんとあるから，本人の困った感をよく聞いて，それに応じれば医療紹介できるよ。
- 録音できなくてもできるだけ記録は逐語で書いておきなさい。
- 紹介状の書き方。紹介状を書くときには，事前にクリニックに電話して予約を受け付けてくれるか確認すること。医学用語でまとめずに本人のことばで書きなさい。内容は本人にも確認しながら書くこと（これについては後にKIDSで森先生自身が本人にも見せながら作っている紹介状を見せて下さったこともあった）。

　こうして羅列してみると，ものすごくベタな初心者ガイドである。自分がその場に入ったらどう行動するか，という目線でシミュレーションしながら，湧いてくる疑問を次々に挙げると，それに具体的に答えていただいた。さらに，この予備校では講演の仕事もあった。これらも森先生に相談し，ネタをもらった。受験生向けに鉄板だったネタというのは，前期は「集中力を持続させるコツ」，後期は「緊張とあがりのコントロール」である。「どんなふうに話すんですか？」と尋ねると，さすが元劇団員の森先生，目の前で簡単に再演して下さった。森先生のセリフ回しにボケや演技もいただいて，私の体験を混ぜ込んで行った講演は，受験生に大うけだった。森先生の緊張とあがりのコントロールの話は『受験生，こころのテキスト』（角川学芸ブックス）という書籍にコラムで掲載されている。

　個別ケースのスーパービジョンは，主に大学院の森ゼミで行われた。全ケースについて，ケースの概要，やり取りの様子，どのような見立てでどう対応したかについて報告していく。初めのうちは，見落としていた点を指摘されたり，こういうことをやってみると面白いだろう，等と参考図書をご紹介いただくこともあった（家族写真を使ったり[注1]，イエローカード／レッドカードを用いるやり方を工夫する[注2]等）。しかし，このような「教える」SVはあまり長く続かなかった。ちょうど森先生のSVのスタイルが，あれこれ提案していく形から解決志向アプローチに添った形へと移行している時期[注3]だったからだろうか。ケース報告を聴きながら，「ふんふんふん」とニコニコうなずき，「いいんじゃない？」と軽くコメントされるだけのことが増えた。まれに「へー，面白いじゃん」と言われると最上級の褒めことばであった。もう少し教えてもらいたいと話しても，ケース対応で何かうまくいかない感じがあるのかと尋ねられ，はっきりした困難が挙げられないと「うまくいっているなら変えようとしない」と解決志向の中心哲学を引き合いに出して笑われる。煙に巻かれたような気分になった。くよくよ気を揉みがちな私の性格に合わせた絶妙な匙加減だったのかもしれない。

　個別のケースのことよりも「自分のテーマを見つけて，それを磨く」ということは時々話し合った。森先生は，この練習をしようと決めたら全てのケースに対して同じ取り組みをしてみることがあったらしい。曰く「患者さんの身体の真似をして過ごす」とか，「相談室に来たらいつも同じことばかけをしてみて相手の反

注1）Sherman, R. & Fredman, N. (1986) Handbook of Structured Techniques in Marriage and Family Therapy. Routledge.（岡堂哲雄・平木典子・国谷誠朗訳（1990）家族療法技法ハンドブック．星和書店．）

注2）黒沢幸子（2002）指導援助に役立つスクールカウンセリングワークブック．金子書房．

注3）この辺りのいきさつは『森俊夫ブリーフセラピー文庫③セラピストになるには―何も教えないことが教えていること』（遠見書房，2018年）の「東大同窓生座談会」をご参照下さい。

応を考える」等であり，そうするうちにいくつかのパターンのようなものが見えてきてその後の対応に役立つようになったという。私はそのような取り組みはできなかったので，ベタな目標を立てた。ごく最初のうちは「相手の話をちゃんと聴き迷惑をかけない」だった。そのうちに「面接中に必ず笑わす」や「家族のライフサイクルを考慮に入れる」「声の出し方を変える，重心を下げる」等とどんどん目標を広げていった。そこから，身体志向のアプローチやトラウマケア等，私の関心も広がった。ただ，私が大学院を修了して翌年には大学に就職し，KIDSの仕事を続けることが難しくなったことで森先生と臨床の話をする機会はほとんどなくなってしまった。

　森先生の入院中でとても元気がないという時に私の時間が空いたのでお見舞いに伺ったことがある。その時には，先生にはそのまま横になっていただき，私が勝手に「タッピングタッチ注4)が気持ち良いと思いますよ」と両側性左右交互刺激というのを淡々と心がけてタッピングした。結構長く時間をとったら「ああ，なんだか元気が湧いてきた」と仰った森先生は，起き上がって「この間話していたオープンダイアローグの話の続きをしようよ，なにがそんなに面白いの？」と少し議論の再開を求められた。こんなにしんどい状況でも，ちょっと元気だったら，臨床の話をしたがる先生だったんだな，と気づかされた。

話し尽くせなかったこと

　さて今わたしは，就職した先が大学の福祉学科だったことから，社会福祉の分野に関わる機会が圧倒的に多くなっている。それに関連して思い出すエピソードがある。とある福祉系大学で「家族療法」の授業を担当して，森先生をゲスト講師に招いたときのことだった。私は自分が家族療法の授業で森先生から習ったように，家族療法の事例などから見立ての話などをしてもらうつもりでいた。ところが森先生は，社会システムの中で「保健医療（心理）」と「福祉」と「教育」の役割の違いを滔々と論じて，「いまの心理や保健医療は本人を変えることにばかり力を注いでいるけれど，福祉はそれではいけない」という話をされた。その時には予想外の話に私は混乱した。解決志向アプローチ等から，福祉の現場でも変化を引き起こせる働きかけができるって話をこの数カ月蓄積してきたのに！　と焦りが隠せなかった。学生からも「就労意欲換気事業とかひきこもりの本人を変え

ようとするような取り組みなどが増えていますが」と質問はあったが，森先生は
いっさい譲らず，教室は静まり返った。

　その時の森先生の主張を，当時の私は受け入れられなかった。しかしその後の
社会情勢を眺め，身近な家族の加齢や障害の進展などを経験することで，「治すこ
と／変化」とは異なる価値規範に基づく実践があることの重要性を痛感するよう
になった。「障害があってもそのままでよい」と言える仕組みを支えるはずの福祉
が，「頑張ればサービスを提供します，頑張らない人向けには相談のみ」と圧をか
けるようになっている。こういう情勢への違和感を共有しながら，先生の話の意
図を聞き直したかった。

　森先生との間で「教わる」関係から，「一緒に議論する」関係へと移行できるこ
とに気づくのが遅くて，先生とは数回しか議論できなかった。もっと話せていた
ら教わったことを再整理したり，自分の思考を明確にできただろうにと残念に思
う。それが今でも心残りである。

第 12 章

高橋規子先生から教わったこと

「臨床家として生きる」ということ

安江高子

　「高橋規子」という名を目にして，あなたは何を思い浮かべるだろうか。彼女が2011 年に 48 歳の若さで世を去ってからの月日の流れを思えば，その名に接したことがないという人も，少なくないのだろうか。あるいは，ナラティヴ・プラクティスの実践者として記憶している人も，いるだろうか。

　私にとっての「高橋規子」は，何をおいてもシステムズアプローチの実践者であり，指導者である。私がいまでも臨床家として，クライエントの前に日々立つことができている。それを可能にしてくれた，恩人だ。「高橋規子」についての語りには，毀誉褒貶があると聞く。確かに，彼女の風変わりなところに戸惑ったり，あまりに鋭い指摘に落ち込んだりすることは，しばしばあった。それでも私にとっては，もっともよいことを教えてくれた「先生」であることに，変わりはない。

　「高橋規子先生から教わったこと」が，私に与えられたテーマだ。単に教わった内容だけでなく，ほかならぬ「高橋規子先生から」教わったこと，高橋先生と私との関係という，個別の事情において学んだことを示すよう求められているのだと，理解している。そのため，本稿には個人的な経験に関する記述が，比較的多く含まれているかもしれない。また，筆者の経験事例についてはすべて，複数例を組み合わせた架空の事例であることをおことわりしておく。

　　＊　　　＊　　　＊

　「高橋規子」の存在をはじめて認識した日のことは，よく覚えている。

　1997 年に行われた，第 7 回日本ブリーフサイコセラピー学会東京大会。右も左もわからぬ大学院生だった私が何気なく立ち寄った高橋先生の演題発表は，子の度重なる自殺企図に悩む親との，システムズアプローチによる面接事例だった

（高橋・吉川，1997）。万策尽き，途方に暮れて来談した父親が，子に向き合う意欲をみるみる取り戻してゆく。ついには父親がリーダーシップを発揮し，家族一丸となっての対応が展開され，子の自殺企図はすみやかに消退。数回の面接で終結した事例と記憶している。「子の自殺企図を止めたい」というクライエントの要望に一貫して沿い，その実現に向けてセラピストが主導的に面接の流れをつくってゆく様がいとも鮮やかで，「これこそブリーフセラピーだ」と，私は胸を踊らせた。トレードマークのおさげ髪に，白い麻のワンピースを着てすらりと立つ先生の姿まで，はっきりと思い出せるくらいだから，よほどの衝撃だったのだと思う。私より少し年上なだけに見えるこの人は，どうしてこんなに上手に面接ができるのだろう。クライエントにどう反応すべきか，なぜパッと適切に判断できるのだろう。あんなユニークな提案が，どうして思いつけるのだろう。受けた衝撃の大きさは，そのままあきらめにつながった。「あれはきっと，すぐれた人にしかできない技だ」。私はシステムズアプローチに「自分には無理なもの」とラベルを貼って，見なかったことにした。

　随分と後になって聞いたことだが，システムズアプローチの習得に全身全霊をかたむけていた当時の高橋先生は，「治療者が治療システムを来談者の利益になるようにきっちりコントロールすることこそ，治療者の責任である」（吉川，2013）と強く意識し，面接の内外を問わず常に「システムのコントロール」を意図して行為するという，修行僧のごとき日々の鍛錬を自らに課していたそうだ。治療者としての責任を徹底して果たそうとする，そのような決意と努力の集積があの面接だったことを，私はまだ知らなかった。

＊　　　＊　　　＊

　システムズアプローチを一旦放置した私が，高橋先生に「再会」したのはそれから数年後，学会誌の誌上だった。心理士として現場に出るようになり，心理面接が主な仕事になりつつあった私は，壁に突き当たっていた。

　忘れがたいクライエントがいる。ある若い男性が，母親がいかに冷たい人だったか，愛情を感じられず幼い頃からいかにつらい思いをしてきたか，涙ながらに語った。次の面接で，彼は憮然として席に着くなり，大切な話をしたのにセラピストに聞き流され非常に傷ついたと，強い口調で述べた。私は大変に驚いた。彼に精一杯共感しながら，身を入れて話を聴いていたつもりだったからだ。もう一人は，長年うつ状態にある女性だった。私は，困難の中でクライエントがこころみている努力や工夫に焦点をあて，労いと賞賛を心がけて毎度の面接に臨んでい

た。だがある時，彼女は言った。「先生が私を励まそうとしてくれているのはわかります。でも，私が言いたいのは，そういうことではないんです」。なにかで頭を思い切り殴られた気がした。クライエントたちにとって私は，「この人は自分の言いたいことをわかってくれる」と思えるセラピストでは，ないのだ。どうしてだろう。何が間違っているのだろう？　クライエントへの申し訳なさと恥ずかしさ，不甲斐なさで切羽詰まった私は，挫折から抜け出すヒントを得ようと文献をあれこれ漁り始めた。そんな中で出会ったのが，高橋先生の論文（高橋，1999）だった。

　タイトルに「社会構成主義」の文言が含まれている通り，この論文は高橋先生にとって「システムズアプローチの立場からナラティヴ・プラクティスの実践への転身がはじまり，そして彼女の独自の世界が展開しはじめた」（吉川，2013）端緒となった論文だ。また，続刊で「高橋規子論文へのコメント」という特集が組まれるなど，本邦家族療法界における社会構成主義に関する議論の発展に寄与した論文でもあった。一方，私が引き込まれたのは，そこに示された逐語記録だった。クライエントとセラピストの 15 分間にわたる会話が，そのままの形で記されていた。クライエントの発話一つひとつに対する，セラピストのどの発話もが，もれなく「クライエントが『そのようにセラピストに応答してほしい』と望んでいる応答」であるように，私には思えた。そして，数年前の学会ではじめて見聞きした高橋先生の面接，主訴の解消に向けてセラピストが主導性を発揮し，クライエントをリードしていた面接に比べて，セラピストがクライエントの歩調により合わせ，共に進もうとしている印象を受けた。

　ナラティヴ・セラピーやコラボレイティヴ・アプローチといった社会構成主義にもとづくセラピーは，システム論をよりどころとする家族療法の進化の中で生まれ，発展してきた（日本家族研究・家族療法学会，2013）。従来，家族療法では，家族や組織を「システム」ととらえて観察対象とし，対象システムとは一線を画す観察者であるセラピストが，システムの外部から介入し変化を導入するものとして治療の場を認識してきた。しかし，セカンドオーダー・サイバネティクスの登場にともない，セラピストによる対象システムへの一方向的な介入とは果たして可能なのかという疑義が申し立てられ，セラピスト自身を含めたシステムの有り様をとらえる必要性が論じられるようになった。そして，クライエントとセラピストとのやりとりによって，それ自体が治療的であるようなシステムを現在進行形で構築していくことの重要性が強調され，ナラティヴ・プラクティスと総称される諸セラピーの隆盛に通じたと言うことができる。このような家族療法の歴史的展開と，システムズアプローチからナラティヴ・プラクティスへと移行

した高橋先生の臨床実践とを重ね合わせてみれば，当時の私が無知ながらも「以前の先生と何かが違う」と感じたのは，さほど的外れではなかったのだろうと，振り返ってみれば思う。

　壁を越えるために必要なものが，たぶんここにある。システムズアプローチを「見なかった」ことにしてから数年，「この人に教わるしかない」と観念した私は，ようやく高橋先生が主催する「システムズアプローチ研究会」の門を，たたいてみることにした。

＊　　　＊　　　＊

　はじめて参加した「シス研」初学者コース初回のテーマは「ニーズを把握する」だった。セラピスト役の高橋先生が3人家族のロールプレイヤーを相手に，フルセッションのデモンストレーションを見せてくれた。先生は時々面接の進行を止め，「いまセラピストが何をニーズとして把握しているか」「把握したニーズをセラピストの行為にどう結びつけているか」について説明した。クライエント一人ひとりの発話内容や発話のしかた，身体の動き，また家族間で取り交わされる言語的非言語的やりとりについて，数分ごと，短い時には数秒ごとのスパンで「ニーズ」を読み取っていく先生の解説は，私には訳がわからず，ただただ混乱した。
　高橋先生は「ニーズ」について，次のように述べている。

　　「来談者のニーズというものは，相互作用の中で，その一瞬一瞬のレベルで生じるものだ。それを感知するセンサーを持つこと，感知した変化を把握する力を身につけること，把握したことをどう理解するかを瞬時に判断する敏捷性を身につけること，判断したことを自らの言語的非言語的に的確に反映させる選択能力とコントロール力を身につけること，できるだけ多くの選択肢を持てるような柔軟性を身につけること，これらがシステムズアプローチでの『基礎体力』なのだ。『基礎体力』が十分なら，あとは来談者のニーズに導かれるままに『ゲーム』に参加し続けるだけ。結果は，後から付いてくるもの。という認識を，ぜひいつも持っていてほしいと願っています」（心理技術研究所，2003）

　たとえば『ブリーフセラピー入門』（日本ブリーフサイコセラピー学会，2020）でも複数の著者が触れている通り，ブリーフセラピーでは「ニーズ」が重視される。しかし，そもそも「『ニーズ』とはなにか」については，あまり言及されないように思う。クライエントが心中に携える問題解決像や治癒像，治療方針などに

関する要望を「ニーズ」と呼ぶ場合が，多いようにも思う。

　システムズアプローチにおける「ニーズ」のとらえ方は，独特だ。高橋先生の
ことばにあらわれているように，それは「クライエントの言動のすべてを『セラ
ピストへの期待』と見なすこと」を，指している。たとえば面接の冒頭，押し黙
ってうつむき，落涙し続けるクライエントの姿に「混乱しているのでゆっくり進
めてほしい」というセラピストへの期待を見るように。またたとえば，セラピス
トに話しかけられた子がことばにつまりながら，隣で見守る母と視線を合わせる
という一連の動きに，「そのことは母親に尋ねてほしい」というセラピストへの
期待を読むように。「セラピストへの期待」は，常に言語化されるとは限らない。
ここで言う「セラピストへの期待」とは，クライエントの内にそのような期待が
「ある」ことを前提とせず，クライエントの言動を見聞きすることを通じて，セラ
ピストの内に「『セラピストへの期待』というセラピストの理解」が生じることを
意味しているからだ（安江, 2019）。面接の展開に資するような「『セラピストへ
の期待』というセラピストの理解」を得るためには，クライエントの声の調子や
動作など小さな変化も見逃さない，こまやかな観察力が必要となるだろう。また，
察知した変化を「セラピストへの期待」として読みかえる想像力（田中，2021）
や，期待への応答としてふさわしいセラピストの言動を柔軟に選びとる判断力，
それらを適切なタイミングでクライエントに表出できる表現力などの涵養が，修
練の肝になるだろう。

　クライエントの一言一句，一挙手一投足にセラピストへの期待を見出し，それ
に応じようとし続けるのがセラピーであること。「解決」や「治癒」とは，その積
み重ねが行き着く先に，結果として生じるものであること。それが，システムズ
アプローチを学び始める大事な一歩として高橋先生が教えてくれたことであり，
セラピーの根幹を成す，セラピストの基本姿勢として，絶えず諭してくれたこと
だったと思う。先生がそれを最も重んじたのは，治療効果上の有益性という事情
も無論あったろう。しかし，同程度かそれ以上に，面接料という負担を負ってま
で援助を求めて来るクライエントに，彼ら彼女らが支払う金銭に見合う利益を返
さねばならぬという，セラピストとしての矜持ゆえだったようにも思う。先生は
常々，対人援助はサービス業であると強調し，クライエントを「お客様」と呼ん
だ。また，先生が「システムズアプローチの考え方の中で最も感化された部分は，
『クライエントの要望に添う』という部分」（吉川，2013）だったともいう。「ニ
ーズ」の重視は，クライエントから受け取る面接料で自分は日々の糧を得ている
こと，クライエントに生かされていることを知る先生の，セラピストとしての誠
実さのあらわれであったと，そのように思う。

＊　　　＊　　　＊

　「クライエントの言動のすべてを『セラピストへの期待』と見なすこと」を，私が意識し始めてしばらく経った頃，印象的な経験をした。クライエントはセラピストと同年輩の，不安障害を患う女性Aさんだった。発作への恐怖で自宅に引きこもる生活から徐々に行動範囲を広げ，以前の日常をほぼ取り戻したタイミングでのことだった。あんなこともできた，こんなこともできるようになったと，状態改善の報告が和やかに続く中，彼女はふと真顔になり，声を落とした。「でも，本当にこのままいくのか？ とも思うんです。突然発作が起きて，また元のようになるんじゃないかって」。そう言って彼女は，まっすぐに私を見た。

　「回復期に生じる再発への不安は正常な反応です」と，以前にどこかで覚えた回答が喉まで出たが，私は思いとどまった。既存の手法を機械的に適用するようなことでは，たぶん駄目だ。Aさんは，単に「発作が起きるのではないか」ではなく，「また元のようになるんじゃないか」と言っている。彼女は再発自体への不安というよりも，発作への恐怖に自分が再び支配され，意思決定や行動の自由が奪われることへのおそれを表明しているのではないか。そして，たとえ再発しようとも，彼女の自由が奪われることは決してないのだと，そんな確かな自信を得たいのではないか。また，専門家による一般的な見通しではなく，Aさんと面接を続けてきた「私」だからこそ示すことができる，正直さや強度を望んでいるのではないだろうか。正面からセラピストを見据えるAさんのまなざしと問いかけに，そのような期待をとらえた私は，前傾姿勢とはっきりとした口調，まっすぐ彼女を見返す視線からセラピストの確信が伝わるよう祈りながら，ことばを綴った。「正直に言えば，先のことは私にもわかりません。でも私は，恐怖心に負けずチャレンジし続けるAさんの勇気と，あきらめない粘り強さを，そばで見てきました。Aさんならきっと大丈夫だと，私は心から思っています」。じっと耳を傾けていたAさんは，「今の私に必要な，言ってほしいことを言ってもらえた。私も，きっと大丈夫だと思います」と，涙目で力強くうなずいた。かつて，私が傷つけ，落胆させたクライエントたちのことが，不意に脳裏をよぎった。あの頃よりは，「クライエントが『この人は自分の言いたいことをわかってくれる』と思えるセラピスト」に，多少は近づけているかもしれない。自分の努力の方向は，それほど間違っていなかったかもしれない。そんなふうに思えて，私は少しだけ安堵した。

❚ ＊　　＊　　＊

　高橋先生を囲んで研修仲間とおしゃべりをしていた時，先生が「あの人も臨床家として生きることを決めた人だよね」と，さらりと口にしたことがある。「あの人も」ということばの裏には，「私と同じく」という思いが省略されていたのだろう。「臨床家として生きることを決めた人」とはどういう意味だろう？　と，私は興味深く思いつつ，先生に尋ねることなく過ぎてしまった。思えば，「クライエントを前にする限り『ニーズ』に応じようとし続ける人」といった意味だったのかもしれない。

　いまの私は，「臨床家として生きることを決めた人」だと高橋先生に認められるセラピストに，なれているだろうか。への字口で目を細める独特の微笑で，「さあ，どうかしらねえ」ととぼける先生の声が，聞こえる気がする。

文　　献

日本ブリーフサイコセラピー学会編（2020）ブリーフセラピー入門―柔軟で効果的なアプローチに向けて．遠見書房．

日本家族研究・家族療法学会編（2013）家族療法テキストブック．金剛出版．

心理技術研究所（2003）システムズアプローチ研究会レポートレター，1．

高橋規子（1999）社会構成主義は「治療者」をどのように構成していくのか．家族療法研究，16(3); 196-205．

高橋規子・吉川悟（1997）危機介入的面接における治療関係の「読みとり」―娘の自殺を止めようと来談した父親への危機介入事例．In：日本ブリーフサイコセラピー学会編：日本ブリーフサイコセラピー学会第7回東京大会抄録集．p.31．

田中究（2021）心理支援のための臨床コラボレーション入門―システムズアプローチ，ナラティヴ・セラピー，ブリーフセラピーの基礎．遠見書房．

安江高子（2019）どうしてここに来たのかな？―私設心理相談におけるニーズをめぐる考察．In：赤津玲子・田中究・木場律志編：みんなのシステム論―対人援助のためのコラボレーション入門．日本評論社，pp.201-213．

吉川悟編（2013）高橋規子論文集　ナラティヴ・プラクティス―セラピストとして能く生きるということ．遠見書房．

第13章

和田憲明先生から教わったこと

先生が選んだ街にて

加来洋一

▌はじめに

　和田先生に初めてお会いしたのは，山口県に小郡まきはら病院が開設されて，和田先生，東豊先生，坂本真佐哉先生が勤務していた時代だと思います。当初は事例検討会などの講師としてお話を聞いていましたが，その後は精神科病院や大学病院の勤務している間，和田先生の同席面接の機会を得ています。前半は情緒障害児短期治療施設（現在の児童心理治療施設）の通所ケース，後半は大学病院の外来のケースでした。その後，和田先生は山口県から長崎県の企業のメンタル部門に移り，後に私も児島達美先生や和田先生とのご縁から，長崎県で大学教員として福祉系の学部と心理の大学院の講義や指導をすることになりました。この大学に勤務している間，週1回，和田先生の下，産業メンタルヘルスの仕事に従事していました。

　ブリーフサイコセラピー学会には，私よりも和田先生とずっと私的に関わりの深い先生方がおられます。その中で私にこの企画がまわってきたのは，前述のように仕事を一緒にしながら指導してもらった経験があるからと理解しています。

▌臨床家・教育者としての和田憲明先生

　臨床家としての和田先生は，オーソドックスでとても常識的（ヘイリー Jay Haley の "Uncommon therapy" の "common" とは別の文脈で）な方だと思っています。自身の臨床の基礎はエンカウンターグループで身につけたと言っていましたし，私が，自我心理学を専門とする精神分析の専門家から2年間スーパーヴィジョンを受けたこともそれが面接の技術の基本になっていると肯定的なコメント

をいただいています（実際，面接の逐語録を基にした，精神分析の用語は用いない，クライアントとの対話の技術面での解説と指導でした）。山口県にいた時には，心理学やカウンセリングをあまり重視していない医師からも和田先生は信頼を得ていました。そういう和田先生のもつある種の説得力は，一つには後述するように自身が影響を及ぼす境界を意識したうえに成立していたと思います。ある時，研修会の内容について相談したところ，「研修会の後でアンケートを実施したとしたら，理解したと回答した人が3割，わからなかったと回答した人が○（正確に覚えていません）割が妥当」というアドバイスを受けたことがあります。数値は研修会の目的によって変わるにしても，「わからなかった」と回答する人がいる前提で研修会を実施するというのは，当たり前といえばそうかもしれませんが，研修会の準備の段階で意識するようにしています。もっと言えば研修会だけでなく，臨床や日常の業務で，介入を含む自身の言動が影響（反発を含めて）を及ぼす境界を設定する，あるいは境界を設定したうえで介入する必要があるということでしょうか。もちろんアドバイスの内容は，私の研修会に関する技量についてのリフレイムでもあるのは承知しています。

　教育者としての和田先生については，私はスーパーヴィジョンを受けるよりも，共同治療者としてケースに関わる機会が多かったように思います。どちらにしてもケースの見立てよりも，セラピストがクライアント（とケース）にどう反応したのか，が主な話題でした。ケースよりもセラピストとケースの関係が続くことに重きを置いているのは，私の不正確な理解では，第3世代のシステム理論とも重なる部分もあるようにも思えます。

　和田先生と縁のある方々の話を聞くと，和田先生からのアドバイスは，その人そのものの有り様に関しての内容が多かったように思います。後述するように私が葛藤回避しやすい傾向についての指導も同様のものかもしれません。

　以下に私なりに記憶している「和田語録（語録風の編集はしてあります）」や和田先生のエピソードから学ばせていただいたことを列挙していきたいと思います。

和田先生から教わったこと

1．「論文を投稿する時には家族に読んでもらうこと」

　投稿前，あるいは査読後の論文を家族に読んでもらうと，専門用語やケースが理解されていない分，論文の構造について確かに的確な指摘が受けられることがあります。企業でのメンタルヘルスに従事している頃，和田先生から「心理職の

仕事の一つは，（企業にとって）新しい視点を提供することだ」という旨の話を
聞いたことがありました。これは心理職が企業に対してアップポジションをとる
（例：心理学の知識を活かす）というよりも，どういう視点が企業にとって新しい
（new というより strange）視点かと考えるメタな立ち位置に言及していたように
思います。同時に企業内のさまざまな職種のメンタルヘルスに関する言説と，専
門性のある心理職のもつ言説を等価に見なすという点では，ナラティヴ・セラピ
ーでの言うところの「声の多様性（ポリフォニー）」にも通じているかもしれませ
ん。

　家族に投稿する段階での論文を読んでもらって意見を仰ぐという発想も，その
延長線上でしょうし，「専門家」の意味を考える契機にもなりました。

　実際のところ，私の文章力の乏しさにあきれてのアドバイスだったようにも思
いますが……。

2．「本（専門書）を読めば読むほど臨床は下手になる」

　いつどういう文脈で聞いたかは覚えていませんが，私としては多くの心理療法
の前提であるセラピスト－クライアントという関係性や心理療法が実践される文
脈を問い直すことばだと解釈しています。私自身，産業メンタルヘルスに従事し
ている時期，メンタルヘルスの用務のため工場にブルーのつなぎとヘルメット，
安全靴で入り，「従業員と会社に何が貢献できるか」を問われる状況で，「治療関
係」とは何ぞや？　クライアントは来談者，あるいは会社？　どういう結果が誰
にとって望ましい？――ということについて自問せざるをえませんでした。和田
先生と仕事をしていると，このクライアントは誰？という問いに迷うことは他に
もありました。スクールカウンセラーの黎明期，和田先生が非常勤で来ていた大
学病院にも派遣の依頼がきたことがありました。私も高校に派遣されたのですが，
この時，和田先生から「生徒の面接は1回，保護者は3回まで，教員からのコン
サルテーションは何回でも OK」という方法を指導されました。理由は，スクール
カウンセラーは税金で賄われているのだから，特定の生徒に時間をかけるのは税
金の使い方として公平とは言えない，というものでした。和田先生の教えはどこ
まで本気なのかわかりづらいところが時々ありますが，クライアントの定義は？
クライアントは誰？ということを問い続ける習慣は身に付きました。和田先生か
ら教わったことを自分のことばにしてみると「自分以外は全員クライアント」と
いう表現になるように思います。

　また和田先生のことばからは，セラピストの心理療法の技術が最大限に発揮さ
れるためには，そのセラピストの職場での立ち位置や周囲との関係性に配慮する

必要があることも考えることになりました。心理療法の効果や有効性は社会的に構成されると換言できるかもしれません。一例をあげると，システムズアプローチを学んできた私にとって心的外傷という生物学的にも実体をもつ事象にどう関わるかは迷っていた時期がありました。そのためEMDRを学ぶのにずいぶん逡巡があったのですが，東日本大震災での派遣を機に受講してみました。結果的にはその効果は驚くべきものがあった一方で，システムズアプローチとしてはどうなんだろう，というもやもや感もありました。ある時，EMDRの専門家にこのことを尋ねてみたら，「先生はEMDRを使って関係性をつくっていけばいいんじゃない」と言われて文字通り「目から鱗」でした。今思うと，関係性，文脈や枠組みで表現するのに憚られるような（と私が勝手に「枠組み」を作っていた）心的外傷のもつ重さに圧倒されて和田先生のことばを忘れていたように思います。パソコンのOSとソフトの例えで言うと「システムズアプローチはクライアントや自身の職場を含む支援システム内での関係性と文脈から構成されるOS，EMDRなどの心理療法の技術はそのOS上で駆動されるソフトウェア」ということになるでしょうか。

3．「セラピストは葛藤回避するか，しないかの2つに分かれる」

　似たような内容を大学病院で同席でケースを診ていた頃から言われてきたので，正確な文言は覚えていません。「今ここで」目の前にいるクライアントとの間での緊張感や，面接後のクライアントの行動化の恐れにセラピストが耐えられない時，セラピスト自身の不安を減らすために行う介入を戒めたことばと解釈しています。家族療法で言うと，面接場面での家族が，これ以上葛藤が続くと家族関係が崩壊してしまうというセラピストの不安を回避するための介入も含まれていると思います。後者は，面接場面での葛藤に対するセラピストの閾値が下がって起こってしまうことも間接的に指摘された記憶があります。おかげで面接でもいろんな会議でも，自分が葛藤回避しているのか，してる／してないならどんな変化が起きるのか，を考える習慣はつきました。葛藤回避がよくないわけではなく，どんな介入でも文脈的には葛藤回避になりうるし，むしろその文脈形成への配慮を促すことばでもありそうです。そのためか，ミニューチンの構造派家族療法の直面化の技法は摂食障害や不登校のケースに使っていた時期があります。ちなみに私が家族療法の指導を受けたセラピストのことばに「回避した葛藤は倍になって返ってくる」というものもあります。

災害時のメンタルヘルスについて

2011年3月11日，東日本大震災が発災，その後3月の下旬と5月の初旬に当時でいう「こころのケア」チームとして，現地に派遣されました。主な業務は避難所のメンタルヘルスの状況の情報収集でした。チームには保健師，看護師がいて，ある避難所では「こころのケア」チームと自己紹介をした後，水銀式の血圧計で血圧測定を実施，そこでのやりとりから被災体験やストレスの程度に関する会話に移行していきました。血圧の値については，原則「緊急事態での自然な反応」として安心できるような説明に勤めました。この流れは，自己紹介と血圧測定で避難所の利用者と「支援」の枠組みを共有，血圧測定で関係性をつくり，メンタルヘルスに関する会話のための文脈を形成するという介入と記述することができます。この被災地での活動は和田先生から聞いていた，企業で起こった火災事故の時の保健師との活動に基づいていました。

ある災害支援で職場（当時は精神科病院）からチームで出発する時に，壮行（？）に集まった職員の前で「被災地からもどってきた時に，することがありませんでしたと報告できるのが望ましい」という挨拶をしたことがあります。「災害支援」の枠組みをいったん解体することで，ニーズの枠組みを拡げるとともに（例：被災した病院で患者の朝食の準備を手伝った），過覚醒によるニーズの過大評価を回避する（例：被災者の不安や不眠に対して心理的支援が必要だと判断する閾値がさがる）目的でした。

災害という心的外傷も関連する圧倒的な現実に対して，関係性や文脈，枠組みというシステムズアプローチの基本に立ち返って取り組むこと，これは東日本大震災後に地震，水害，あるいは感染症クラスターでのメンタルヘルス活動を実施する際，いつも意識するようにしてきたつもりです。

システムの中で

和田先生からケースや研修会のお話をうかがっていて，クライアントや参加者が集団でトランスに入っていたと推定されることがありました（和田先生は催眠やトランスということばは使っていませんので，あくまで私の推定です）。印象的だったのは，トランスに入らないクライアントや参加者についての描写が多かったことです。和田先生は，特に企業のメンタルヘルスに従事してからは，自身が影響を与える範囲の境界を強く明確に意識していたように思います。逆に言え

ば，自身が提案したメンタルヘルス活動に反対も反発もあることも想定したうえで活動していたと思っています。その点でもトランスに入らないクライアントや参加者の方に関心が向いているように見えたのも自然なことでしょう。知り合いのスクールカウンセラーが被災地の長期支援に入っていた時，自分の影響力が大きくなりすぎてきたようなので，引き上げることを意識しての活動にある時期から変えていった，という話を聞いたことがあります。面接室内でカウンセリングをしていても，その実践が与える影響をシステム論的に考える時に，影響の大きさも反発も含めて自身の振る舞いを調整していくことの重要さは和田先生やそのスクールカウンセラーからも学びました（ただそれは私は苦手です）。現在の私の立場では，それを強く意識して振る舞う必要性があることも実感はしているところです。

┃ おわりに

　ある自治体職員の保健師さんが，産業メンタルヘルスに関する企画について，和田先生にアドバイスを求めたところ，職場を案内してもらったりととても丁寧に対応していただいたと話をされていました。また，山口県ではある市の保健師集団，長崎県では企業の保健師たちとの仕事を間近に見てきました。和田先生は保健師との仕事には思い入れがあったのかもしれません。もちろん心理職，教育関係者，医療関係者からの信頼も両県でも厚いものがありました。当然，和田先生との関係性によって受けた印象や影響もさまざまでしょう。私はと言えば，和田先生からの教えをできるだけシステムズアプローチ，解決指向アプローチ，ナラティヴ・セラピー，催眠といった理論と技法に落としこんで理解しようとしてきました。取りこぼしも誤解もあるとは思います。

　この稿を読まれた方が，和田先生と縁のあるいろんな人と話をして，また別の和田先生像を構成していただければ，それが筆者の最も望むところです。

　＊あえて敬語の使用を控え，職歴等も記憶のまま確認をしないでおきました。

　文　　献
和田憲明（1999）そのうちなんとかなるもんだ．PHP 研究所．
和田憲明（2008）こころの荷物がちょっぴり軽くなる日曜日のメンタルヘルス相談室．PHP 研究所．
和田憲明（2009）ガンに負けない心理学．PHP 研究所．

第4部

事例検討：ブリーフセラピーの
ものの見方

第 14 章

黒沢流のスーパービジョンで学ぶ

黒沢幸子・近藤　進・木場律志

司会（木場律志）　今日はご参加いただきありがとうございます。司会を務めます木場律志と申します。よろしくお願いします。

　　では今日の登壇者をご紹介いたします。事例提供者は藤川メディケアクリニックの近藤進先生です。よろしくお願いします。

　　そして，黒沢幸子先生にコメンテーターをお願いしたいと思います。

　　これからの流れは，まず近藤先生と黒沢先生の事例検討に入っていただき，その後，私の方から近藤先生にまずインタビューをして，次に近藤先生と黒沢先生と 3 人でまたお話をしていくという形で考えております。では，スタートいたしましょう。

▌事例検討のはじまり

黒沢（幸子）　ちょっとドキドキして私も少し緊張していますが，よろしくお願いします。近藤先生とお顔を合わせるのも，約 10 分前に少し打ち合わせした時が初めてで，自己紹介すらお互いしてないという状況でここにいます。事例検討の前にご自身の自己紹介みたいなところから始めていただいてもいいですか。

近藤（進）　年齢は 50 近くになりますが，30 頃から臨床を学び始めたので，臨床歴はそんなに長くありません。現在はクリニックの非常勤，そしてスクールカウンセラーをやってます。今日はクリニックでの事例を紹介させていただきたいと思っています。

黒沢　年齢から入るんかい，と思ったんですけど（笑）。私もスクールカウンセラーの経験が長いので，同じような経験をしてきている部分もあるかもしれませんね。早速，今の段階で，聞きたいことなどあれば伺います。

近藤　実際に事例検討を始める前にパワーポイントで 1 枚だけ情報を準備してい

人と話したい青年との虫の語りに導かれた事例

Kさん，19歳，男性
　主訴：人と話したい・就職したい

　面接期間：
　　X年5月～X＋1年8月まで（計18回）
　　※カウンセリング1回約50分，その後医師の診察
　面接間隔：
　　＃2；1週間後
　　＃3；2週間後
　　＃4～16；3週間間隔
　　（＃9；母親同席，＃13；6週間空く）
　　＃17；6週間後
　　＃18；12週間後
　家族構成：3人暮らし
　　父，40代後半；清掃関係，夜勤
　　母：40代後半
　　Kさん
　主症状等：人と話すのが怖い，情緒のコントロール困難，拒食傾向，不注意，
　　物忘れ，昼夜逆転
　問題発生後の経過：
　　X－7年2学期，不登校に（中学校1年生；原因不明）。家族以外と関わ
　　　らなくなり，同年代の人と話さなくなる。
　　　ゲーム依存状態が続き，やがて食事をとる必要性を感じなくなっていく。
　　X－4年4月，通信制高校へ進学。
　　X－1年3月，卒業後，ひきこもり状態。インターネットで調べた結果，
　　　自分は高次脳機能障害か統合失調症ではないかと考えはじめる。
　　X年4月，精神科クリニック受診後，心理検査を経てADHDと診断され服
　　　薬開始。
　　X年5月，Kさんの「人と話したい・就職したい」という希望によりカウ
　　　ンセリング開始。

ます。特に私が聞きたいと思っているのが，1回目の面接の流れというか入り方です。これはおそらくその後の過程にかなり影響あると思いますので，黒沢先生だったらどうするのだろうと。また今回は終結事例ですので，終結に向けたタイミングというか，提案するまでのプロセスを少し検討していただけたらなと思っています。

黒沢　どんなことを中心に検討することが，近藤先生のお役に立てるのかって考えていましたので，先に検討したいところを言っていただいて助かります。他は大丈夫そうですか。

近藤　面接経過の中で，いろいろ広がりすぎてしまった気がしました。今回，紹介するにあたり，大きく流れを5つぐらいのまとまりで区切りましたが，黒沢先生の方で確認したい点をご指摘いただけたらと思っています。

黒沢　今回は公開するということで，倫理的な手続きの関係上終結事例を出していただきましたが，終結されるまで何回ぐらいの面接をされたんですか。

近藤　全部で18回，期間が1年4カ月くらいです。

黒沢　ということは――割り算があんまり得意じゃないんですが，月にそんなに頻繁ではない？

近藤　3週間に1回ぐらいの間隔です。

黒沢　そうですか。この間隔は面接に，どんなふうに役に立っていそうですか。

近藤　今回ブリーフということですが，事例のどこがブリーフっぽいのか，私の中ではわからなかったんです。ただ，最初の入り方はその後の組み立てにとってすごく大事な視点だと思いますので，ここで先生からお伺いできたことを今後に役立てたいなって思います。

黒沢　大丈夫です。ブリーフのために患者さんやクライエントさんがいるわけじゃないですから。ブリーフっぽい患者さんだからやるってわけではないですものね（笑）。でもいろいろ考えてこの事例を選ばれたんだと思いますし，またこういう検討会に出すご許可をいただけたってことは，もうすでに役に立つセラピーを近藤先生がなさったという証拠なんだろう，と感じています。

近藤　今回の事例はこういう表題を付けてさせていただきました。「人と話したい青年との虫の語りに導かれた事例」。簡単に紹介します。Kさん，19歳の男性。ご本人は人と話をしたい，就職したいことが主訴で来られました。ひきこもりの期間がちょっと長かった方です。

　　こちらの面接構造は，全部で18回。1回約50分のカウンセリングで，カウンセリングの後に医師の診察が入る流れになっています。面接間隔はずっと3週間ではありません。最初は1週間で頑張りたいということから入り，2回目

は1週間後だったんですが，やはりちょっと間隔がきついということで，3回目は2週間後で，4回目から3週間後という間隔が中心になっていきました。うち9回目のときだけお母さんが同席されてます。13回目は私の事情で間隔がずれました。あとは17回が6週間後，最後の18回目が12週間後という流れになっていました。ご家族は3人家族で，父親は40代後半の夜勤が中心の方。母親も40代後半。3人暮らしです。

　主な症状が，まず人と話すのが怖い，情緒のコントロールが難しい。拒食傾向があって，来談されたときは160センチ前後の身長で，体重は多分40キロくらい。体重は一番落ちたときはもう35キロぐらいだったそうです。他には不注意，物忘れ，昼夜逆転がかなり定着している。

　カウンセリングが始まるまでの問題発生後の経過は，まず初診の7年前，中学1年生頃，原因は全くわからなかったそうですが，突然の不登校です。その頃からも家族以外とは関わらなくなって，同年代の人とは全く話をしなくなった。ゲーム依存の状態が続く過程で，食事を摂る必要性を感じなくなったということをおっしゃってました。

　中学校卒業後，通信制の高校へ進学。通信制を3年間で卒業されて，その後1年間全くのひきこもり状態になっていたとおっしゃっていました。

　この方はパソコンやインターネット関連は詳しくて，ご自身でいろいろ調べて，自分は高次脳機能障害，もしくは統合失調症なのではないかと，当院もインターネットで探して来談されたそうです。X年4月に受診後，心理検査でADHDの診断が出て服薬を開始。翌月から，人と話をしたい，就職をしたいという希望で，カウンセリングがスタートします。

黒沢　19歳の男性の見た感じ，どんな方ですか。

近藤　すごく真面目な感じです。公平さや公正をすごく大事にしている方。物静かな印象で，本当に誠実そうで優しい感じの方です。ただ実際，この後の面談の中で，会話のやりとりのリズムがすごく取りにくかったです。1回目の面接では，会話のストロークがかなり少なかったんじゃないかな。また，お母様が常に一緒に通院されていました。

黒沢　お母様は一緒に同席されているんですか。

近藤　待合室です。

黒沢　面接室には入らない。

近藤　多分，通院するには一人だと心配だという状態ではあったみたいです。

黒沢　その方のご自宅と先生のクリニックまで，公共交通機関を利用する場合，どれぐらいの遠さなんですか。

近藤　1時間以内です。ただこの方は必ず午後に来られてたので，ラッシュがなく，乗り継ぎがよければ 30 分から 40 分ぐらいで来られると思います。

黒沢　さほど近い場所ではないんですね。

近藤　やや離れています。

黒沢　さきほど真面目そうで物静かで，会話のストロークが少ないことを伺ったんですけど，実際の体型はお会いしていたころもかなり痩せられているんですか。

近藤　体重自体はそれほど増えてはなかったんですが，食欲は少しずつ戻って，元気そうな感じにはなっていました。

黒沢　最初お会いしたときは，細くて華奢な感じというか，小さい感じだったんですね。

近藤　はい。終結後，数カ月が経ち，たまたまロビーで会ったときは私も気づかないくらい，ややふっくらしてました。あとすごくおしゃれな服装でした。

黒沢　わかりました。外見の雰囲気やイメージを共有するとわかりやすいので伺いました。どうぞ続けてください。

1回目から

近藤　この方，先ほどすごくストロークに時間がかかると話しましたが，私自身が相手の会話にかぶせてしまいそうなくらいです。一所懸命考えられて，ことばを選んで話そうとされるんですね。ことば遣いは丁寧語です。ご本人はカウンセリングが始まった時点では ADHD の診断をドクターから聞いてます。本人のことばでどういうところが気になるのかというと，ひきこもり生活が続くことによって，一番は人と話す怖さです，とのことでした。最初に訴えていたのが，ゲーム依存状態になっていたということで，私，そんなに詳しくないんですが，ゲームに一緒に参加している方が最低限のマナーを守らず参加していると，怒りが収まらなくなって，結局ゲーム機を壊したり暴言吐いたり，お母さんに当たったり。あとは，もう死にたいということばをお母さんにぶつけたりして，苦しい状態だと話されてました。それで，何とかトレーニングしていかないと就職もできないと。就職したい理由を聞くと，これから先，これ以上お父さんとお母さんに迷惑をかけたくないということでした。

　そんな話を聞きながら，この人，今僕と向かい合っていることさえかなりきついんだろうなと思ったので，「この場もきつくないですか」って本人にたずねました。本人は驚かれたんですが，「正直きつい」とことばを出されたので，「いつ頃からきついのか」と聞くと，通院する 1 週間ぐらい前からやっぱりすご

く気になると。

黒沢　通院がってこと？

近藤　はい。昼夜逆転状態なので通院に間に合うように起きられるかとかすごく気にされてて。動悸もあるし，最初ふらつきとかもある状態でやっと話されてる感じでした。

黒沢　昼夜逆転してゲーム依存もある中で，こういうところに来るのも大変なのに，Kさんは「なんとかしたい，就職したい，親に迷惑かけたくない」っていうことでしたけど，このタイミングで来ようと思ったのはどんなことがあったんですかね？

近藤　この方，中学から不登校になったこともあんまり詳しく思い出せない。先ほどのようなやりとりの中で，「そういえば散歩に行きました」と話し出されたんです。どうも通信に行く前，中学3年生のとき，本人が全然動かないので，お母さんが何とか連れ出そうとして，本人もやっと動いて出られたみたいなんです。その散歩の話を聞きたいなと思ったので，私がいつも持ってるクリップボードを使って，それにちょっと描きながら，どんなところか詳しく教えていただけませんかという質問をしました。あまり答えられなかったので，季節がいつ頃だったかとか，あと風は暖かったかとか，生き物がいたかとか時間をかけて教えてもらったんです。初回だったということもあって，本人はなんでそんな詳しく話さなあかんのやって思ったかもしれないんですが，いろいろ思い出してくれました。寒い季節に歩いてて，本人が思い出したことが，そういえば川にカエルがいたと。僕はすぐウシガエルか何かですかって聞き返して。寒い季節にいたので本人は川まで降りて水に入って捕まえたらしいんです。その時，お母さんは護岸の上の方にいらしたそうです。

黒沢　へ～。

近藤　僕がうわ～ってなって，すると本人の会話のリズムというか，イキイキと話し始めてきました。片手でカエルを捕まえて上にいるお母さんに見せようとするけれど，声が出ない。また，片手でカエルを持った状態で護岸を上がる体力がないという状態の話だったんですが，僕はその話を「すごいですね」と。初回ではなく，もうちょっと後にも，この話が本人にとっては，自分のリセットというか，このままではダメだという決意，進学や通院するきっかけになったとお話しされたことがありました。

黒沢　その話に近藤先生もとても興味を持って，カエルを捕まえた具体的な話まで初回で聞くことになったということですね。

近藤　そうですね。この方，絵が好きだという情報が事前にあったので，匂いと

か色合いとか，その辺りで本人が話しやすい流れがないかなと探していたのかもしれません。

黒沢　近藤先生の体験としては，語ってもらうことで本人の緊張感がほぐれるというか，ことばが回転しやすくなったというか，そんな感触があった？

近藤　話しすぎちゃったかなというか，話すことで疲れたのかなという感じがありました。

黒沢　第三者とほとんど話してこなかった方が，何とか思い切って来られたわけですが，来るというきっかけはどんなふうだったんですか。例えばですけど，お母様がやっぱり受診した方がいいって何度もおっしゃったとか。

近藤　自分は病気じゃないかということで，自分から行きたいと。

黒沢　疑わしいと思うものもいくつかあったわけですか。

近藤　ADHDも含まれてたと言ってました。

黒沢　自分から探して，何とか来られたことについて，初回面接のときから近藤先生は感じてらっしゃったのかしら。

近藤　何て言うんだろう……ご本人は話されてないけれど治すための通院というだけではないように感じました。あと二次症状のためにうつのお薬と抗不安薬の服薬が始まったばかりで，本人にどう影響してるのかなって考えてました。

黒沢　なるほどね。お薬が十分に馴染む前の段階でカウンセリングがスタートしたと近藤先生は想像されたわけですね。初回面接のことで近藤先生からもっと私に聞きたいことってありますか？

近藤　家族構成を聞いたときに，お父さんのことを聞くと本人はやっぱりすごくきつそうな感じでした。だから初回で必要な情報をあれこれ聞くよりは，安心してここで話せることに気をつけたのかな。僕のペースで話すとすごくかぶせてしまいそうな感じを1回目は持っていました。

　また人と話すことの緊張についても，特にご近所さんには警戒すると。自分の経緯を知っているかもしれないと考えて，いっそう警戒して負のオーラが出てしまうと。色合いで確認すると黒とか紫の答えでした。世間の目がすごく気になるし，嫌われたくない，疑り深くて面倒くさいとか，彼の中から選ばれて出てきたことばをそこでちょこっと聞けました。

黒沢　初回面接で，Kさんがことばそのものでなくて，色であったり感覚的なものなら話しやすいのではないかと近藤先生は感じられて，本人が話せる工夫をずいぶんされている。

近藤　探しながらだったと思います。私自身，力んでいたことも思い出されてきました。

黒沢　追体験になっている。

近藤　こういう感覚も味わわれたんだろうな，というのはあります。

黒沢　自分の意志で来たけれども，やっぱなんかきつい，という感じ。

近藤　そうですね。実際そのきつさを3回目の面接後のドクターとの診察で，こんなことやってても意味がないとバーッて言ったらしいんです。4回目の前にドクターからその様子を聞いて，どうなってくるのかなあという感じで，彼を迎えました。

黒沢　近藤先生との面接が，これじゃあ意味がないみたいな言い方だったのかしら。

近藤　思い出しました。彼が勉強するという話の流れになって，元々この方通信制高校へ通う間に英検2級合格しているんです。次は準1級を取ろうかとなって，本人なりに何から始めたらいいですかねって，勉強方法のアドバイスを僕に聞いてきたんです。それで本人が取り組みやすそうなところを聞いたら，英単語が一番取り組みやすい，他にも地図や世界史にも興味があるとおっしゃったので，量とか時間を決めず，やれることから始めてみましょうと話したんです。でも，この後，本人の中でやはり何かやらなきゃと思って，それがやれなくて，情緒のコントロールができなくなるというパターンが出たんですね。

黒沢　衝動的にドクターに「わ〜っ」と言ったってことは，彼は何かもっと違うものを望んでいたってことですか。

近藤　いや，やりたいと思っても，それがやらなければとなると気持ちのコントロールが難しくなることを，実は2回目の面接のときに詳しくおしゃっているんです。そのとき，その状況をどんな呼び方をするとフィットしますかねって聞くと，ぐるぐるって表現されました。この頃ゲームをやっていたので，じゃあぐるぐるの弱点ってなんですかねって間髪いれずに聞いたら，本人からぱっと出てきたのが，そのときしたい別のことをする，それがぐるぐるの弱点じゃないかって。

黒沢　その時したいことをやること。

近藤　はい。だけど今の僕にはやりたいことがないと。だから今は情報を収集して，やりたいことをちょっと集める。インターネットとか得意だし，あとはちょっと絵を描いてみようかな，という流れで，勉強もしようかなっとなったので，さっきのアドバイスをしたわけです。

黒沢　Kさんはやっぱり何かした方がいい，するべきだと思ってらっしゃるんですね。通信の中でも英検2級取ってるんですものね。

近藤　そう思います。でも全然嬉しそうじゃない。本当に苦しそうに話すんです。

すごい！って反応しにくい感じ。おそらく英検で経験されたことを思い出されたんでしょうね。

黒沢　ドクターからのフィードバックを受けて，近藤先生は4回目に向けて，どんなふうにそのことを生かそうと考えたんですか。

近藤　一瞬しくじったなと自分を責めると同時に，また来るんだったら，本人が，安心できるような時間や会話をするにはどうしたらいいんだろうって考えてました。お薬も9週間以上たってだいぶ馴染んできているだろうからというのも予想してました。今ならポイントも見えますが，そのときはそれもはっきりしないまま，4回目の面接を迎えました。

　　その4回目ですが，私は構えてましたが，ご本人はお薬が効いて落ち込みがちょっと緩くなった，抗不安薬のせいかもしれませんとおっしゃったので，お薬が本人の中ではなじんできたと感じました。

黒沢　今だったら見えてるポイントって何でしょう。

近藤　この方，ことばを言ってしまった後にそれが跳ね返ってきて自分を責めてしまう。ぐるぐるってまさにそこもあるんです。

黒沢　それもあるんですね。

近藤　本来だったらもっと違う表現ができたらいいんでしょうけど，多分家で暴れたり，お母さんに暴言吐いたり。同時にまたすごい苦しまれて，自分を責められるんだろうなと。実際このカウンセリングの場面でも，本人の調子が良くなって動きが出始めて，本人の動きたいところと方向性がかみ合わなくなると自分を責めてぐるぐるが出てきてしまう。

黒沢　なるほど。ご本人は自分で自分はこうなんだということを理解されていかれたんですか。

近藤　彼の理解のプロセスは概念的な理解とはちょっと違うような気がします。どちらかというとぐるぐるを伴った体験が，だんだん経験として蓄積され自信がついていってぐるぐるが起こらなくなってくる。最初はパスのやりとりができるようになってきた感じで，お互いの動きも見えやすい感じだったんです。でもだんだん元気になってくると，「えっ，もうそれいく？」みたいなことが出て，私の方がハラハラドキドキみたいなところが少しでてきます。そして案の定ぐるぐるがまた出ますというのが何回かありました。

黒沢　なるほど。ぐるぐるって技法的に言うと問題の外在化的ですよね。近藤先生も多少意識されて外在化をなさったのだと思います。「ぐるぐる」が一つのキーワードとなって，それが外在化されることで，体感覚も伴いながら，ご本人の中で自分なりの整理や理解に進んでいくプロセスとなったと理解しました

が，それでよろしいですか？

近藤　はい。もう一つ助けてくれた材料が，ADHDとドクターから診断されて，思い込みで突っ走るようなことをしちゃいけない，何か本人がブレーキをかけるわけじゃないですけど，そこが本人の中で一つアイテムとして加わって，そこだけなんとか努力されてるんだなあ，というところはありましたね。

黒沢　「ADHDの特徴としてそういうところがあるから，そうしちゃいけない」というものがうまく本人の中では理解できた。

近藤　元気になってきたら，ADHDっぽさが出てきたので，診察のいい部分が作用していました。

黒沢　お薬も効いて元気になってこられたら，今度はたくさんの行動をするようになり，またご自身の調整が必要になられたということですかね。

近藤　これが今回のテーマの虫に繋がっていきます。

虫のテーマ

黒沢　そろそろ虫の話が出てくるかなと思っていました。

近藤　ぐるぐるに対して何か別のことをするというのが本人の頭の中にあって，したいことをしたいってなったとき，どうも虫捕りを彼はチョイスしたみたいなんです。まずはお母さんに相談してから，お父さんに夜勤の合間に連れて行ってくれないかということで頼んで，10年ぶりに行ったというのが最初の1回目のアクションだったと思います。

　　それを契機に動きが出てくるんです。虫捕りに行く山がお母さんの実家に近いので，中継基地みたいにして，そちらに泊まって虫捕りに行くんです。とはいえ，その実家はもう7年ぐらい足も向けてなかったので全く話をしてなかったご親族なんです。ただ，その虫捕りを契機に土日とかはそこにいるおじさんも気をつかって，虫捕りに連れて行ってくれるようになるんです。ちょうど初夏に入った頃に本人が動き出したものだから，お父さんやおじさんと毎週虫捕りに行ってます，すごいね，みたいな会話になっていました。

黒沢　すごい。まさにそのときやりたいこととして，虫捕りに行こうと。

近藤　それでおばあちゃんやご親族と会話ができるようになって，食事も取れるようになった。おじさんと話すのは緊張したと思ったので，なんでそんなに話せたのって聞いたんです。そしたら車で一緒に目的地まで移動しながら，虫の話や虫の捕れる木の話をしてると話しやすかったということでした。

　　夜勤で疲れていて話しにくいお父さんとも何かこの方法を使って話ができないかなって思っていたら，本人から捕ってきたカブトムシを食卓の上に置いた

ら，お父さんと虫の話がしやすくなったって言うんです。それでこれはいいと，A（自分）とB（父親）で直線的に話すよりは，C　（カブトムシ）が入ると話しやすい三項構造のことを，人と話すときに使ってみたらどうって話したんです。すると本人がこれが自分のコミュニケーションの今後のモデルになるって言って，これを実践していくっていって，お父さんとのやりとりは，毎回報告がありました。

黒沢　本当の虫捕りだったんですね。虫は比喩的なものかなって当初は思ってました。

近藤　リアルです。彼の好きなクワガタとか，虫の捕り方もどんどんマニアックになるんです。ここが本人のいう共同作業なんですが，お父さんとか，おじさんと木肌をピンセットで抑える係と細工した針金で虫を追い出す係と連携して，何気にありがとうとか，それいいねとか，そういうやりとりが自然に出る。彼は基本的に共同作業は小学校の給食の配膳でさえ駄目だったそうで，やる意味がわからないって言っていたんですけれど，この虫捕りの共同作業が面白かったというんです。この虫捕りの話は本人の中ですごく生き生きと語られるんです。最初の頃は私たち2人の会話にはタイムラグじゃないですけど，リズムのズレがあったんですが，2人とも会話のテンポも速くなってズレがなくなってきたような感じでした。

黒沢　なるほどね，ほぼ毎週のように虫捕りに行って，どんどんマニアックになっていく。お父さんやおじさんも同じぐらいに近所のガキ大将同士のようになっていく。

近藤　おじさんは7年ぶりに会っても過去を聞かなかったそうです。それが本人はすごく安心したって言ってました。お母さんが多分促したとは思うんですけれど，泊りに行って，夕食の後片付けもし始めて，生活に関わる話が膨らんでくる過程というのが，虫捕りの中で出てきたので，これはすごくいいなと思って話を聞いてました。大半虫のマニアックな話を話されるんですけれど，膨らませられるところは膨らませて，やりとりしていました。

黒沢　なるほど。単に虫を捕るだけでなくて，ほんとに家事の手伝いをするとか，おじさん家族と一緒にお食事をするとか，生活体験や対話が膨らむことがこの一連の体験の中でどんどん広がっていったということなんですね。

近藤　そうです。彼から出てきたんですが，虫を飼うとお金がかかるから，今は無理だけどバイトして，お金を稼ぎたいと思ったと。

黒沢　虫を飼うのもやっぱりお金がかかるんですね。

近藤　育て方などを全部自分でネットで調べて飼っていたそうです。「準備や後片

付けまで調べるところはすごいな～」って思いました。「準備するとか調べるってすごい」は，その後も彼との会話で用いたキーワードでした。

黒沢　環境ってカウンセラー側ではどうすることもできないけれど，彼は生活体験が，虫を捕るとか飼うことから広がり，バイトしたいとまで言ったりするようになった。

近藤　なってきましたね。その流れになってくると……（笑）。

黒沢　笑いながら思い出す近藤先生がいいですね。

近藤　次は唐突に今度「僕はデイケアやります」と。うちはデイケアもあって，ドクターからも紹介はされてたんですけど。が，次回，「やっぱり僕はバイトします，デイケアは申し込みませんでした」と報告を受けました。

黒沢　デイケアはスキップしたんですね。

近藤　そして，「近くの自分が知ってる店で募集のチラシが出ていたから，そこでやってみたい」ということになったので，僕は「お母さんにも一緒に相談してみませんか」って提案して，次回お母さんに来ていただくことになりました。

黒沢　いい発案ですね。お母さんが来てくれたのが何回目でしたっけ。

近藤　お母さんがきたのは9回目ですね。

黒沢　もうこの9回ぐらいでこのバイトの話までいってたんですね（笑）。最初のきついって言ってたイメージでいくと，かなりの早さ。

近藤　そうですね。実はお母さんが登場する前に，昼夜逆転を改善したいという動きがありました。

黒沢　なるほど。

近藤　虫捕りの流れから，バイトへ行くには昼夜逆転を直さなければという流れになった（笑）。

黒沢　なるほど。ケースを思い出しながらセラピストが笑顔になっちゃうって好きだな（笑）。

近藤　本人なりには昼夜逆転を何とかしようと頑張ったけれどうまくいかない。やっぱりぐるぐるが出るというので，僕が本人に提案したのが昼夜逆転のための作業リストを作ることでした。昼夜逆転を直したいのは，仕事をしてお母さんに迷惑かけたくないから。昼夜逆転の中で何か別のことで動いたら疲れて眠くなるかもしれないとも言ったので，リストを作ることになったものです。食器洗いとか部屋の片付けとかを出してきたので，それやってみましょう。もしリストが浮かばなければリストを考える時間にしましょうと。で試したところ，寝れなくても全然ぐるぐるが起きなくなって，英単語の勉強も作業リストに入れました。それを見たら眠くなると（笑）。

黒沢　（笑）

近藤　寝なくてもぐるぐるしないし，勉強もできればめっけものってことで，本人がこれを何回か続けて，ぐるぐるが起きない経験がここでちょっとでき始めた（笑）。素直なところがあるので。

黒沢　彼は真面目で誠実でっておっしゃってましたが，そういうところがいい方に動いた。もちろんそれがいろんなことをしでかしもするんですけどね。

近藤　この話の流れの時だったと思うんですけど，もしかすると虫取りの影響もあるかと聞いたら，本人にすごくヒットしたんです。虫取りってここで駄目なら次の場所，そこでダメならまた次の場所って回るそうなんですが，夏の数カ月間，彼はそれを続けてきてたんです。

黒沢　なるほど。

近藤　お母さんが来たときに，もううちでは虫は当たり前になりましたっておっしゃって（笑）。

黒沢　すごい（笑）。

近藤　「タクジョウ」って聞いたので，食卓ではないですよねって聞いたら，いや食卓ですって（笑）。

黒沢　虫の飼育箱が醤油とかソースとかと一緒に置いてある　。

近藤　たまに脱走していても平気だそうで（笑）。

黒沢　虫が当たり前になった。なるほどね。

急展開

近藤　そんな流れの中で，ぐるぐるの対処がうまくやれなかったりやれたりということを繰り返して，アルバイトをする話になりました。そこで，お母さんにも来ていただいて話されたのが，アルバイトしてうまくいかなかった後のダメージ，リスクの高さについてでした。予想外のことが起きるかもしれない。本人もお母さんの話を聞いてたんですけど，納得してない感じでした。私の方では職業訓練やハローワークの職場体験や就労支援の話も一応して，やり方はいくつかあると説明をしました。が，本人はやっぱり年末までに働きたいというんです。彼の希望をダメとせず，いい方向にいくように知恵をだし合いましょうとお母さんと共同声明を出すような感じで，一応そのときは終わりました。

　次の回，本人は落ち込んでませんでした。共同声明の流れで，卒業した通信制高校の先生に相談してみたらとお母さんから言われて，Ｋさんも相談したかったって連絡して，すぐそのまま通信制高校の先生にハローワークへ連れて行ってもらって，そこで適性検査の予約も取って，ハローワークとの繋がりがこ

こでできてしまったという展開がありました。

黒沢　すごいですね。こちらがあれこれしなくてもうまく繋がっていく。まさにドミノ倒しが始まってる。

近藤　ハローワークでいろいろ説明を受けて，本人はやっぱり職種と給料のことを考えると一般就労でいきたいと。その流れをサポートしていきましょうというところで，どんどん動いています。まず農業の職場体験をして，その後，神社の清掃ボランティアにも行って。もちろんうまく話せなかったなどの落ち込みもあるんですけど，でも，数こなせるぐらいのところになってきたかなという感じでした。しかし，その後スーパーの職場体験があったんですが，そこで巨大なぐるぐるが起きるんです。事前説明会で，店長から髪切ってこいとか，大きな声出せとか，そういうことを言われて，もう無理という感じになったそうです。

　もう少し詳しく聞いてみると，パンコーナーの担当になるようでしたが，実際に働くとしたら仕事としては「商品陳列」が中心業務になるらしいと。でも，お客さんから品物の場所を聞かれて案内することもあるかもしれないと。その場合，他のスタッフに場所を聞いて，その場所までお客さんを連れて行くのですが，それが彼にとっては負担が大きいようでした。「もし案内したらお客さんはどう思う？」って聞いたら，「お客さんがありがとうと言ってくれれば，自分もすごく嬉しい」と答えました。また「話せそうなスタッフいる？」と聞いたら，「パンの説明をしてくれた方は優しそうでした」というので，「じゃ，その方に聞いて，一人でもいいから案内をやってみようか」って確認しあったんです。

　ところが職場体験をしてみるとパンコーナーだけでなく，お店全体の商品の陳列をすることになった。でもスタッフの方がいろいろ教えてくれて，商品の場所に案内することも多かったみたいなんですけど，難なくやれましたと，店長も全然怖くありませんでしたと。

黒沢　よかった（笑）。

近藤　やる前はぐるぐるがかなりあったんですけど，実際終わったときにはぐるぐるは姿をもう消しているような状況。

黒沢　やっぱりぐるぐるって，やる前に起こるんですね。やってみると消えるんだという体験を彼は何度もできたわけですね。

近藤　そうです。このときは昼夜逆転を直して行ってるんです。だから本人の中で，その昼夜逆転作業リストはうまくいってたんですけど，本人が，でも朝起きられるようにならなければって，基準を作るんです。12時15分までに起き

たらセーフティーゾーン，10 時までに起きられたら関ヶ原。

黒沢　おっ（笑）。

近藤　9 時までに起きられたらもう OK というような感じで，自分なりの基準を設けてました。で，ずっともう 12 時に起きるというのが続いていた。成果としては睡眠が取れることで，夜の思い込みの時間が減るのでぐるぐるにもいい作用があるってことを本人が経験しているんです。睡眠がすごく構える相手ではなくなってきた感じ。

黒沢　睡眠が敵ではなく，味方になってきた。

近藤　職場体験でその効果を実感できたのかな。

黒沢　ずいぶんアクティブになって体験もやってますが，終了までのプロセスを今回振り返ったり検討できたらということでおっしゃってたんですけど。

近藤　そうなんですね。ここで，アルバイトという方向にいくのかと思ったらですね……。

黒沢　ふふ，聞く前からなんか笑っちゃう自分がいます。

近藤　14 回か 15 回目だった思うんですけど，お母さんからの提案で専門学校に行くことになりましたと。

黒沢　なりました。

近藤　なりました。専門学校に行きますと。私としては，「それはよかったね，いいね〜」みたいな感じ。本人の中では就職の前に仕事について学ぶという動機づけが働いたみたいです。ですが，専門学校もやっぱり不安なんです。人数の多い中でやっていけるか，授業内容についていけるか。やる前なので，本人はいろいろ考えちゃう。ただここで睡眠が味方になってくれた。ぐるぐるが出そうな気配はあるけれど，でも眠れているから大丈夫そうということばが本人から出ました。で，ちょうど面接開始から 1 年ぐらい経つので面接の流れを振り返って，本人とポイントを確認しました。そのとき，僕の中で終結の提案も視野に入れていった方がいいのかなという考えがよぎりました。面接では学校が始まると，次はもうバイトを始めました，友達できましたと（笑）。

黒沢　はいはい（笑）。

近藤　専門学校の友人とミスドに行きましたという話が出てきて，週末だけレストランの裏方のバイトもしてると。最初かなりパニックにもなったけど，仕事をだんだん覚えて，同時の指示にも合わせられるようになってきた。言われたのとは違うお皿の並べ方をして，慌てて直そうとして皿を落として割ってしまったという話もイキイキされていました。

黒沢　終結の話題もそろそろだなって近藤先生の中には出てきたけど，直接彼と

は話さなかった。

近藤　そうです。直接話したのは最終回です。

黒沢　そうですか。

近藤　今話した場面が17回目ですかね。17回目のときは次回の予約も入れずに，結果として6週間後に面接となりましたが，学生生活も心配ない，人間関係でも友達ができてという様子でした。

黒沢　友達できちゃったし。ミスドデビューしたし。

近藤　これはもう流れに乗っているって感じだし，学生生活が中心なので，また予約を入れられる時に申し込むということで，12週間後に最後の面接を持ちました。

黒沢　本当に，むしろ終結の後のフォローアップ的な感じですね。

近藤　どうかなぁと思っていたら，もう落ち着いていました。ただ深刻な相談が一つあったんです。飲みに行ってもいいですかって（笑）。

黒沢　まあ素敵。

近藤　お薬のことがあるから。僕は「いいよ，もう大賛成」と。「でもお酒飲むときはお薬は禁忌事項だから，そこだけはちょっと飲まないようにしてね」と伝えました。彼は20歳を過ぎていたので，「日ごろ家でお酒を飲んでるの」って聞いたら，「少し飲むことあります」って。「友達と行くんだよね，いいな，羨ましいな〜」と言ったのを覚えています。「ドクターにも飲み方を確認しておいて」と一応言うと，「わかりました」って。

黒沢　すごい深刻ないい相談でしたね，もう本当に。

近藤　はい。そういう話が出たので，タイミングだなと思って，「ここを利用する最初の目的はここまでどうですか」と聞きました。「だいたいやれました。人と話せたし，バイトもやるようになったので」と答えたので，「僕からの提案だけど，学生生活も今充実してるみたいだし，一応ここでちょっと終結にして，冬休みとか，年度替わりとかどっかでちょっと経過を教えてもらいたいんだけど，どうかな？　もちろん何かあったらいつでもまた再開できるからね」という話をして一応終結というところになりました。

黒沢　長い流れを伺ってると，最初はきつくて面接の間を空けたかもしれませんけど，こちらが抱え込みすぎず，でも本人はここにまた報告に来て振り返ってリセットして，ちょうどいい感じで日常生活の中に戻っていったと，私には感じられました。今日，こうやって終結までのプロセスをお話しになられて，近藤先生としてはどうでしたか。

近藤　1点，話してなかったことがありました。3週間のサイクルでやっていく

中で，１回だけ６週になったときがあったんです。実はその前の回からドクターの提案で服薬をしてないんです。６週間服薬なしで生活をしていたのが，僕が急遽カウンセリングを休みにして，その３週間後に会ったときは，また服薬再開されていた。どうにもならなかったとはいえ，今思い返すと，規則的にやってきた方だったから，この空いた期間でお薬の使い方に影響が出たのかなと反省しています。

黒沢　でも休みはもう致し方ないことだったわけですよね。もちろん我々臨床家はクライエントさんと約束したらなるべくこちらの事情でリズムを変えないというのは重要なことだと思いますし，それに励むべきと思いますが，そうは言っても人間ですし仕方ないことってありますから。またね，そこを承知した上でどれだけやっていくかということになるんだと思うんです。

　さて，近藤先生はどちらかというと SV でもっとビシバシダメ出ししてほしいとか思ってるかもしれませんが，初回ですし，次回は東先生がいるのでダメ出しなどはお任せします。で，どんなところがやっぱりよかったのか，あるいは自分がこういうことを心がけたことが，決して彼にとってマイナスではなかったんじゃないかなというふうに思いますか。

近藤　学会発表や事例検討したときに思うのですが，その面接の時に思ってないことってわりとあるんですか。

黒沢　そうです，もちろんです。だから振り返ることが学びになるんです。

近藤　今から話すこともそうです。コミュニケーションのリズムみたいなものなんですが，例えばサッカーのパスでいうなら，Ｋさんと僕の場合，最初は丁寧に短い距離でパスをしていたんです。そして，だんだんお互いのリズムがあってきて，ショートパスでポンポンポンと回していくと，いよいよぐるぐるが登場する場面になります。黒沢先生が外在化とおっしゃってましたけど，彼が自分の思うような状況に進まない苦しい場面を話しはじめた時って，彼がぐるぐるに囲まれているような状態。そこへ，僕はパスの距離を広くとって逆サイドにパスを送ってみたところ，彼が反応しパスが通って逆サイドからぐるぐるの状況を見始める。こうやってお互いのパスがうまく繋がる過程は，面接初期に何かポイントがあったと思うんです。丁寧に聞こうとするとか，会話をかぶせないようにするとか，彼が言ったことばをただ確認するだけなんですけど，それによって彼がもっと僕に詳しく教えてくれるという流れが生まれた。僕も本当に聞きたいので，そうなると，何かが膨らんできて展開し，また膠着していく。そこで，リズムを変えたり，（セットプレイのように）いったん止めてパスをだすとＫさんが反応し，だんだんぐるぐるが見え始め，攻略法も見え始め

た。すると，今度はKさんがドリブルで切り込み始めるようになり，お母さんがピッチに登場し，さらに通信制高校の先生，ハローワークの担当者へとパスがつながっていく。言い忘れましたけど，この間，じつは彼，捕まえた虫の飼育のためにペットショップにも通い始めて，店長とか，常連客とかとも会話していくんです。

黒沢　え〜っ。

近藤　あと虫の即売会で会った人たちとも。同志という言い方をしてました。そういう方とのネットワークも同時にできていたんですよね。どんどん本人が私以外のところでも話し始めて，人数が多い中でも動き始めた。カウンセリングがあったからというのもあるのかなと。

黒沢　うんうん。やっぱり近藤先生が彼にうまく合わせて邪魔しなかったのが大きかったのかもしれません。良い意味でのADHD的に動いて広げて勢いがまたつきだすという彼が持ってる特性でもあり，資源であり，強みだとも思うんですけど，それが生かされていくことになった。それに加えて，彼の世界が広がっていくことにどんなことが役に立ったんですか。

近藤　さっきのぐるぐるの攻略かなと。彼は攻略法に別のことをすることをまず挙げたんです。それで昼夜逆転の作業リストを作成したときは，ぐるぐるの流れに逆らわないで「別のしたいことをする」を提案しました。最後の大きなスーパーの職場体験でも，別の視点で状況を見て，やりたいことをするというのができてきた。もしかすると虫捕りの体験に始まって，面接の間に彼が生活の中で体験してきた様式みたいなものに整理されていったのを，（本来彼が持っていたとも思うんですけれど）それをカウンセリングの中で強調していくことができたのかなと。そこを本人が少しずつ自分の引き出しとして使い始めたのかなと。今，自分なりに振り返ってみたことです。

黒沢　サッカーの例えもパスの出し方や通し方，距離もサッカーをやったことある方だとすごく実感として伝わってるんじゃないかと思います。先生自体がそういう比喩で感じ取られたり，表現されたり，また型通りの技法としての表現はされませんでしたが，彼のリソースを使ってる。絵が得意だから色や体験的なことなら苦しくてきつい中でも表現しやすいんじゃないかとか。面接の動画を撮って一緒に見ながら一言一句振り返る方法だったら，近藤先生のやってらっしゃることでこれから生かせることをもっとたくさん指摘できたかもしれません。この限られた時間の中で面接全体を伺ったので，近藤先生がうまくされている大切なことを私はまだまだ本当にたくさん見落としていると思います。でも先生ご自身の比喩の使い方とかイメージの使い方というのも自分のリソー

スとして生かしながら，彼のその体験を体感覚的にも受け取って上手く合わせながら，東先生ならジョイニングと言うかわかりませんけど，まずはこの場を安心できる場にしていくという思いで，パスをうまく調整しながら出していった絶妙な見立てとやり取りのうまさがあったのだと思いました。

　さて，90分もお話しさせてしまって疲れるだろうなって最初は思ってたんですけど，個人的にはさらに聞きたいことや突っ込んでもっと教えてもらいたいことがあり，むしろやっと土俵に乗ったぞみたいに思ったところです。近藤先生はもうごめんだって思ってるかもしれませんが（笑）。

近藤　本当に，どんどん出てくるもんですね。

黒沢　オンライン検討会のため一方向でしか姿が見れませんが，近藤先生の表情を見てると，こんなこともあった，あんなエピソードもありましたといって表情がイキイキと変わるというか，動かれる。そこも合わせて拝見しながら，だから，Kさんとの面接の体験が，面接の空間のなかでご自身がもってる全てのものを使って対話することができた。そのプロセスのなかで，生意気な言い方ですけれど，近藤先生が彼からすごくたくさんのことを学ばれたというか，教えられたのではないかって思います。

近藤　大きいですね。

黒沢　そういうことをしてくれたKさんだったのだと思います。すみません，近藤先生が質問したかったことに丁寧にお答えできていないかもしれません。この後，検討会を振り返ってどうだったかという別のインタビューがあるので，それを前提にした終わり方になってしまいますけれど，こうやって事例検討会に事例を出すことを決意していただいたこと，Kさんの素晴らしさもありますけれども，この面接の経過からすごくたくさんのことをオーディエンスは学ぶことができたんじゃないかなと思っています。このオーディエンスを代表して近藤先生に感謝いたします。ありがとうございました。

近藤　こちらこそ，ありがとうございました。

▌インタビュー

司会　では，インタビューを始めていきたいと思います。先ほどの事例検討を踏まえまして，私の方からいろいろお二人に聞きたいことがあります。最初は近藤先生と私の2人で話して，その後でまた黒沢先生にも入っていただいて3人でお話しできたらと思います。

近藤　よろしくお願いします。

司会　まず，事例検討では話題に出なかったのですが，ブリーフセラピー歴って結構長いのですか。

近藤　正直自分のどこがブリーフかって聞かれると答えられないですが，ブリーフに関わりがあった先生から指導を受けたので，そこまで遡るのであれば，10数年になるかもしれません。

司会　もともとブリーフの先生のもとで学ばれていた。

近藤　はい。

司会　そうなんですね。今回，事例提供していただくことになった経緯をお聞きしてもいいですか。いくつもご担当になっている中で，どうしてこのケースになったのか非常に気になるところです。

近藤　最初は，私が困ってる事例をこちらで検討していただきたかったんですが，終結事例にする必要が出てきて，こちらが勝手に思ってるだけかもしれませんが，発表に至る負担が比較的少ないケースということで選びました。

司会　企画段階では進行中の事例にするという話もあったんですけど，書籍化するので終結事例になりました。そう考えると，本当の意味で近藤先生が困られている事例というのが，出せないという制限もあったかと思います。先ほど，おそらく謙遜でブリーフかどうかわからないとおっしゃっていましたが，普段ブリーフの先生方とケースについて会話を交わすことはありますか。

近藤　出不精な方なので，限られた先生とやりとりをするぐらいですかね。

司会　じゃあオンラインでよかったですね。出なくて済みますからね（笑）。でもブリーフの先生方とのやりとりが全くないというわけではないんですよね。

近藤　そうですね，児島達美先生にスーパービジョンを30回程度受けてもいるので。

司会　そうですか。このケースも児島先生にご相談しながら？

近藤　このケースはしてなかった。

司会　そうですか。今日，通常のよくある研究会でやってる事例検討のように資料を用意して，終わった後に回収して，というような形ではありませんが，こうやって黒沢先生と事例検討のセッションを一緒にされた感想はいかがでしょうか。

近藤　質問の角度というか，考える視点がやっぱり違うので，自分の中で考えさせられる状況がすごく新鮮です。テクニカルなことよりも，なんか黒沢先生とのやりとりの中で刺激を受けて，考えていましたね。今さっき何を話したか，正確に自分が覚えていて話せることは少ないですけど，僕にとってはものの見方とか，とっさのときに面接に生かせるような感じもします。今後のカウンセ

リングに影響してきそうな感じはしてますね。

司会　視点が違うというのをもうちょっと具体的に言うとどのあたりが違うなって感じですか。

近藤　まず，カウンセリングにおいて膠着状態がよくあったんです。黒沢先生のやりとりだったら同じ状況でもちょっと違ったのではと。僕の表情に何か出てたみたいですけど，黒沢先生とのやりとりでケースを思い出しながら話すときは，そういう着眼点でケースを思い浮かべてました。なんか黒沢先生とのやりとりはバランスが整うような形でことばを選べてたのかなあという感じがします。

司会　このケースのうまくいってないところは。

近藤　うまくいくプロセスまでの間で，今日逐語の内容をあまり口頭で読み上げたり，紹介もしてなかったなと思ったので，そのあたりで同じ状況の捉え方を，黒沢先生ともうちょっと詳細に検討したかったなというのが心残りです。

司会　もうちょっとやりたかった。それは膠着状態にあったと思われるようなところの逐語のやりとりなんかを紹介して，もうちょっとヒントが欲しかったってところですか。

近藤　例えば，ぐるぐるが生じるところのやりとりの逐語とか，あとはカウンセリングの影響もあってぐるぐるが出てきて，それをまたカウンセリングの場面で取り扱うというところがあるんですけれど，もうちょっと丁寧に，今回経験したことを，僕が出せたらよかったなと，そこはもったいない感じが今しています。

司会　そうですか，反省会みたいになってしまって申し訳ないです。

近藤　ほんとにけっこうあるんですよ。

司会　なるほど。黒沢先生とやった以外の点もたくさん検討できる，むしろ検討されていないことがほとんどだと思いますので，足りないところはたくさんあるかなと思いますけど，何か違う視点をやりとりの中で感じられたわけですよね。この違う視点をもらって，近藤先生，どうでしたか。

近藤　やってる中でハッと思ったのが，灯台下暗しではないですけど，僕自身が足元が見えてない感じ。その辺りをもうちょっとゆとりをもって眺めてみようと。黒沢先生がそんなことを考えてるかわかりませんけど，そういう眺め方をしようとしていたというのはありますね。

司会　足元を見ようってことを黒沢先生に言っていただいたという感じですか。

近藤　もっとゆっくり見ようとか，ぼやけていたらもっと丁寧に見ようと，自分も落ち着いて見ようとするモードになっていた感じはしますね。

司会　そうですか，そのへんが黒沢先生とのやりとりの中で見えてきた？

近藤　そうですね，今日振り返って思い出されるシーン，反省モードで見ていた
　　状況にも，やっぱり展開する流れがあったんだなというところが，自分の中で
　　も確認できたというか。

司会　展開する流れというのは，反省じゃなくて，いい意味での展開ってことで
　　すか？

近藤　そうです。特にお薬の流れの件では，ドクターが診ててくれてるんだよね
　　という，改めての問いかけがありましたよね。そうだよなって。伏線で彼の様
　　子を複数の方で見てくれて，やってこれたから安心感があるんだよねというこ
　　ともです。今回のカウンセリングの枠ではあったかな。確かに自分の意図とは
　　別の診断書とかお薬とか，そういう流れが同時にここにはあって，僕がずっと
　　それを並行して意識してやっていたというよりは，その時々で点みたいな形で
　　確認してやっていたレベルであったと思うんですよね。そのあたりの見方とい
　　うのが，僕の中で今日黒沢先生とやりとりして，開発の余地が十分あるんだろ
　　うなというふうに感じました。

司会　カウンセリングしてると目の前の人のことに一所懸命になってしまうけれ
　　ど，自分がカウンセリングしている一方で診ている主治医や他のスタッフが関
　　わっていることも，改めて気づかされたということですか。

近藤　はい，そうですね。

司会　あと私がやっぱり気になるのは，最初の黒沢先生とのやりとりの中であげ
　　られていた，これは終結事例なんでそこに向けて進んでいくプロセスについて
　　検討していただきたいという点があると思うんですけども，その辺りについて
　　はどうですか。

近藤　そうですね。やってる最中は当然本人が安心できてるかどうかなんてわか
　　らないわけですよね。わかった気になっちゃいけない気がするんですよね。

司会　初回，Kさん自身がね。

近藤　はい。その起点部分のやりとりがその後に影響していくようなところの，
　　何か外しちゃいけない大事なところとか，あるいはこういう工夫の余地がある
　　よねとか，他の先生とか，他の心理士の先生方とか経験のある方から，どうい
　　うアプローチがあげられるのかなって気になったんですけど，話に安心がある，
　　黒沢先生がそこは大事なポイントよねというふうに返してくださった。基本中
　　の基本だと思うんですけれども。

司会　ちょっと足りないなという感じ？

近藤　もうちょっと。他には主訴の話も出たところです。1回目，私，再確認し

てるんですよね。

司会　はい。

近藤　一番最初の私の正直な印象は，就職ということばを彼がどういう意図で用いたのかがすごく気になった。でもこっちが何かそこを聞き出すというよりも，何か話しやすいリズムをまずはつくって，それが確認できたのは3回目だったか，もう一度主訴の再確認というのをやったんです。そういう手間というのは，この流れではどうだったかなと。これちょっと聞けてなかったところです。

司会　就職したいという話は最初っから出てたけれど，それについては詳しく聞けなかった。

近藤　初回は聞けてないですね。

司会　それは近藤先生がずっと気にされている配慮というか，わからないからってすぐに就職ってどういうことですかとか言って聞くというよりは，まず安心感をつくってから，その流れの中で聞きたいという感じで聞かなかったのですかね。

近藤　聞けなかったですね。ただ，あえて聞くとか，初回でこれをやってこういう展開で持って行ったらいいことあるのか。ただそれは同じセラピストでもカウンセラーでもないので，私にそれがやれるかどうかということもありますけどもね。

司会　本当は聞きたかったんだけど，ちょっと聞けなかった。

近藤　ちょっと聞くのが多すぎると来なくなっちゃうんじゃないかなという，話させ過ぎちゃいけないなって感じが初回はありました。

司会　初回ですからね。しかも人と話すのが非常に苦手というか，そこを変えたいと来られてる方ですもんね。その辺りの配慮という，もちろんこっちが不安にさせられる，心配になる部分もあるとは思いますけど。でもその中で，さっきのサッカーのメタファーで言ったらパスのやりとりですよね。

近藤　そうですね。

司会　先生とのショートパスをね。

近藤　私，実はサッカーじゃなくて野球部だったんですけど（笑）。

司会　外在化のところで出てきた逆サイドのパスはいい表現だなと思って，メモしました。

近藤　黒沢先生に引き出されて，どう説明しようかというのを考えてパスから連想して出てきた表現でした。

司会　ありがとうございます。キャッチボールもそうですが，やっぱりわかりやすいメタファーですよね。キャッチボールも単に投げて捕るというよりは，相

手が捕りやすいところに投げないといけないでしょうしね。かなりそういう配慮された感じの事例ですよね。

近藤　3回目くらいまでは。

司会　ここでいいのかなと思って投げて，ちゃんと捕ってくれているか確認してみたいな。

近藤　この人の口癖が「もう1回いいですか」なんです。じっくり考えて，申し訳なさそうにこっちに確認してくるんですよね。そこをできるだけ少なくしたいな，でも難しいなあというのが初回は特にありました。

司会　非常に慎重にというか，恐る恐るというか。配慮したために逆に聞けなかったところもあると。その辺がもう少しなにかできたんじゃないかなという意味では，黒沢先生に聞いてみたいなという感じでしょうかね。

近藤　そうですね。

司会　あと初回面接から終結に向けたプロセスを黒沢先生と検討してみてどんな感じだったか，印象とか感想等あれば教えていただきたいです。

近藤　初回で主訴というか目標，方向性といったものをクライエントとセラピストの双方で，ただ事務的に確認するのとは違う繋がり方，技，コツみたいなものが，特に短期で終結するケースは，多分あるんだろうなとは思うんです。そういうところを教えてもらえたらなと。

司会　なるほど。90分やっても近藤先生としてはまだまだ聞きたいという感じですかね。

近藤　やっと温まってきたなという感じです。

司会　なるほどね。そろそろ黒沢先生も交えてお話していきましょう。

▎クライエントに学ぶ

司会　黒沢先生，よろしくお願いします。黒沢先生は普段からこんな感じでカウンセリングもされてるんですかね。

黒沢　こんな感じ？　こんな感じが何を指しているのかよくわからないですけど（笑）。

近藤　お変わりない感じが。

黒沢　芸がないかもしれませんが，こんな感じでやっていると思います。今回のようにスーパーヴィジョンであってもそうでなくても，やはり自分のやったことについて検討するのは抵抗があるはずですし，緊張することですよね。ただ冒頭に言いましたが，そもそも許可が得られて事例を出すというプロセスまで

これてるということ自体が，もうすごく大きなことです。もちろん他にうまくいってない事例もあるとおっしゃってますけど，それは当然ですよね。

　先ほど灯台下暗しという表現がありました。これは事例のクライエントさんも同じで，できてること，やられていることはたくさんあるにもかかわらず，ここが足りない，ここは駄目だなとそこに注目してしまう。Ｋさんの場合，その辺の自分を信頼できない考えがぐるぐるさんになっていたりする。多少特性もあるから自分の思いや意志だけではちょっとコントロールしきれない部分もあって，なおさらぐるぐるが出るわけです。Ｋさんの主訴が人と話せるようになりたい，仕事したいということであることがすごいことですね。なにしろ中１から不登校してて，人と話すのが怖くて昼夜逆転のひきこもり状態だったわけですから。そんなＫさんが，本当にそれでよくこのクリニックに来て，よく近藤先生に会えたなって感心して，もうそれだけで大げさですけど胸がいっぱいになります。すごいなあ，そこに何が働いたんだろう，この人はたくさんの苦戦もしてきたけど，どんなふうにしてここまで自分を繋いできたんだろう，と。こんな問いが浮かぶわけです。そしてピッチの外でＫさんを見守る，いいサポーターもいたにちがいないわけです。でもサポーターはときにはお節介だったり，いろいろ面倒なことになることもあります。まず最初のパワポを見せてもらったときにＫさんにそういう思いを感じてスタートしたということです。聞かれたことにお答えできているでしょうか（笑）。

　近藤先生の事例がどのように展開してどんな形で終わるのかということも何もわからない中でしたけど，事例概要を教えていただいただけでも，このような背景を持つＫさんとの面接のプロセスの中で近藤先生は邪魔しないで引き出すことをなさっていったんだろうなという，なんとなく私の中での前提というのかな，そういうものがあって，そこをいかにちゃんと私が伺えるだろうかという気持ちで聞かせていただきたいと思ったんです。ただ近藤先生の方のニーズというものも当然おありなので，そこをある程度確認して，そことうまくかみ合うようにしながらというのが冒頭，一応緊張しながらもですね，考えたことです。

　こういう形の場合，自分だけが緊張するってことはないと思っていて，私が緊張しているとすれば，近藤先生がその数倍緊張してらっしゃるだろうし，だとすればその緊張は，クライエントさんがそういう場に来たときのしんどさとかつらさとかにも通ずるものです。このような時分のことを話すことへの緊張や不安の経験は，そういうものに対する共感とか，ジョイニングにも役に立つものなんだろうと思います。

司会　ありがとうございます。黒沢先生でも緊張されるんだと思うとちょっと安心しますね。

黒沢　何をおっしゃるうさぎさん（笑）。

司会　さっきの黒沢先生のお話しを聞いて感心しました。事例概要のスライドを見ながら，黒沢先生がそういうことを考えていらしたんだということです。ケース概要を聞いたとき，割とよくある事例検討だと問題の経過みたいなものが書かれてるので，どうしてもそっちに注目されることが多いかなという気もするんですけど，その辺がやはり黒沢先生らしいというか。

黒沢　あ〜あ。

司会　そこからもすでに良いリソースというか，リソースということばでいいのかわからないですけど，見出されながらも実際のケースの展開に入っていかれるんだなというところを感じたりもしました。
　　　一方で今日検討されたい近藤先生のニーズを意識されながらというのも，黒沢先生ならではというか，ブリーフならではなのかなという気もします。非常にそこも面白いなと思いながら，今の黒沢先生の最初のお話を聞いてたんですけれども。どうですか，近藤先生。

近藤　そうですね，さっきの主訴が語られるに至ったエンパワーされるものであったり，本人がどう繋がってそこに来たのかというところがポイントだな，と。やっぱりそこまでの情報だと，例えばお母さんとの距離が近いとか，ありきたりな情報だけで拾ってしまうと，関係する方々と共有する認識の違いも多分あると思うんです。申し送りやカルテと語られる何かをどう繋げて見ていくかという視点，何かその辺りの情報のつかみ方というのを，今一度丁寧に見ていかないとなと。申し送りやカルテとかだけ見るとそこの情報だけでケースが始まっていくことが多いので。

黒沢　そうそう。

近藤　やっぱり自分の中でそこをきちっと見ていく。そういう視点というのはすごく大事だなというのを改めて考えさせられました。

黒沢　Kさんが就職したいというのは親も切望していることではあるでしょうし，いろんな働きかけを当然親御さんがされてるでしょう。でも注目すべきはKさんが自分でクリニックを探して来られたということです。Kさんがクリニックに来るのに自分の思いや意志で何をどのように達成して，ここまで来られたのかというところです。私が近藤先生に1時間ぐらいかかるのかということを割と早い段階で聞いたのも，なるべくディテールや具体例を挙げながら，Kさんが自分でやってきたことをあぶり出していくためです。「お母さんが心配し

ていつも細々と強く言われて困っていた」というストーリーや，「母親からいろ
いろとお尻叩かれて本人が動いている」というストーリーもできますよね。そ
れも一面では事実かもしれませんが，でも別のストーリーもありえる。

近藤　そうですね。

黒沢　やはり彼が実際に望んでやったことが，どんな小さなことでも絶対にある
はずだと思います。だからそこをただ「君も頑張ったんだよね」みたいなざっ
くりとした抽象的な言い方じゃなくて，できるだけ細かく証拠を出す。「この 1
時間かかるクリニックに電車に乗って自分から来ようと思って来たんだよね」
とか。でも，違う側面を見れば，そこに 1 人では来れないからいつもお母さん
がついてくるという見方もできる。そうなると何かまた母子密着とか母親の意
図で動いてるといったストーリーにいくらでもなるわけです。でも先ほど細か
くお聞きしたことで，彼が自分の考えでクリニックに来たと確認できました。
また「お母さんも全部一緒に聞いてるのか」と質問したら，「いや自分でちゃん
と入ってきて，面接は彼とやってます」という答えでした。単なる事実確認の
ようですが，私としてはそういう意図の中で聞いてることなんです。そうなれ
ば，母親がよい働きをするサポーターとして見えてくるでしょう。

司会　なるほど。なぜそれを確認するのかという意図が，ディテールを明確化し
て，それは母子密着と見ることもできるけどそうじゃない側面というか，そこ
にスポットが当たるような，そのための事実確認ということですよね。

黒沢　そうですね。ストーリーと言っていいのか事実と言っていいのか，それに
本人以上にこちらがちゃんと気づいておかないといけないと思います。今，近
藤先生が言ってくださったように，どうしても申し送りやドクターが書いたも
のを見ると，いわゆる「病理」と言われるようなものや，今までの問題点の経
緯が羅列されているわけです。そのようなことを背景にどんな本人なりの思い
や動きがあって，ここに至ったのかというところを，こちらとしては知りたい。
好奇心と言ったらいいかな。初回面接では，本人や周りが作っている情報やス
トーリー，こちらも惑わされてる情報，そこからいかに自由になって，本人が
なぜここに来られたのか，を問う。お母さんに言われたというのは多くの事例
でもあると思いますが，でもお母さんに言われて引きずられたとしたって，殴
り返して嫌だということもできるのに，どうしてそうしなかったのか。断れな
い自分があるのであれば，そういう自分であることで役に立ったことはどんな
ことか。今までどうやって生き抜いてきたのか。もっと想像をたくましくすれ
ば，そういう自分であることで家族か誰かを守ってきた面があるのではないか。
そういうことまで広げて，その方のやってること，置かれてる状況，そういう

ものがどんなふうに本人の中で，駄目なものとか，役に立たないものだけじゃない色合いを持っているかということについて，初回面接では特にしっかりと情報収集していくということです。

　それと同時に，近藤先生がとても丁寧によくされていたのは，やっぱりその方のテンポやスピードに合わせるという面ですね。そこに来た経緯を話す中で，いかに人と話すことに慣れていないかとか，怖いとか，Kさんの気持ちを汲みつつジョイニング（ということばがブリーフではされやすいかもしれませんけれども）して合わせていくかということです。どうしても，クリニックの心理職は機械的に主訴をまず初回面接で本人に確認して，そこでもう一度心理面接の契約をし直す，といったルーティンを疑いなく教えられると思います。でも心理職としてやることが結局，今まで作られてきたストーリーを確認してなぞるだけだとすれば，そのやり方は建設的じゃないと私は感じます。近藤先生が「この人話しにくそうだな」「自分とのことで安心感があるだろうか，やっぱりきついという思いを持っているんじゃないか」と感じ取られてそこを大事にしたからこそ，型通りの主訴の確認をしなかった。ここからも，いかに近藤先生がクライエントを大事に尊重されてるかがKさんに伝わったんじゃないでしょうか。「就職したい」という主訴を，初回でこちらから扱わなかったこともそう感じます。近藤先生はそれを戦略的にはやってないようですが。面接の場を本人が安心して生き生きと話をできる場にすることに成功していかれた。「今まで人とあまり接触する機会がなくここに来たんだから，話すだけでもきついよね」と認めることは彼を承認し肯定することになるわけです。そのプロセスを先生がしっかりと踏まれたことが良かったと思う。私も，この人きついだろうなと思えば，何らかの形でそこをまず大事にすることを優先する。面接に来ていただくことで何かができるということを前提にするのであれば，まずここが安心できる場であることを感じ取ってもらうことが大事だと思います。

司会　確かに，初回面接はまず主訴を聞こうとか，型通りにやろうと思ったらそれなりにやれて，しかも全くそれが不自然かと言われたら別にそうではないんでしょうけども，そこが安心して語れる場なのかどうかというところからまず入るのは必要な視点ですね。そういう場を作り上げるという意味では，近藤先生がされていたことも，当たり前と言われれば当たり前なのかもしれないですけど，大事なのかなと思いますね。うっかりすると忘れそうになりますよね，カウンセリングに来たらしゃべるもんだと思って。きっとクライエントは困っているから何か喋って当然だというふうなポジションにある意味立たされやすい。そういうふうにカウンセラーが思ってしまうことがあると思いますので，

そうじゃないんだというところが，クライエントさんに向けた配慮かなと思います。

近藤　戦略的ではないんですけど，私……。見立ててありますけど，あれは初回で，クライエント，セラピストがお互いに見立て合っているんですよね，おそらく。

黒沢　そうですね。

近藤　クライエントによってはいくつもの医療機関や相談機関を渡り歩いて心理職を評価して，いろいろ試されている。こいつはダメだよとか。私も散々言われたことがあるので。この視点って基本的なことかもしれませんが，お互いが見立て合ってる。こっちだけじゃない。情報で流してなかったんですけど，この方はスクールカウンセラーに相談とかも今まで一度も受けてなかった方だったんです。私はビビリなもので，比較されないだろうから，ちょっと安心した面もあります。

黒沢　うんうん。私もビビリって大事なことだと思ってます。心理職としても。今の私はそういうふうに見てもらえなくなっちゃったかもしれないけど，実際には超ビビリですよ。参加者の皆さん笑っていたらどうしよう（笑）。

近藤　笑ってしまってすみません。

黒沢　ブリーフ学会のとある精神科医の先生から，黒沢さんのビビリは強みだね，と言われたことがあります。それから「ビビリだけど大丈夫」って胸を張っちゃうようになった（笑）。私はビビリ，つまり臆病って大事だと思ってます。心理職が堂々としたらどうすんだ世の中っていつも思ってます。だから堂々としてる心理職を見るとビビってしまうんです（笑）。

司会　さっきの近藤先生の，こっちも見立てられているんだという視点に立てば，ビビらざるを得ないですよね。それぐらい慎重にやるべきですよね。こっちもこのカウンセラーでいいのかなと，信頼に値する人なのかなって思われてるわけですからね。そういう意味ではビビリになれるというのは大事で，リソースですかね。

黒沢　心理職の仕事は，見立てやアセスメントと言うけれど，自分がどんだけアセスメントされてると思ってんだよ！って，いつも思ってます。

近藤　そうですよね，確かに。

司会　アセスメントはセラピストの特権みたいになっていますけれど，違いますよね。

黒沢　こちらがアセスメントするつもりなら，同じぐらい返ってきてる。

司会　跳ね返ってきます。

黒沢 その中でやっぱり何が一番侵襲性が少ないのか。こちらも人間だから，こちらばかりがしんどいのも困ります。こちらが楽なのは，いい意味でクライエントも楽。つまりこちらが安心なら，ある程度クライエントも安心してくださる。そういうものをどうやって作っていくかというのは，大事だし，もし技法というものがあるなら，技法がうまくいくときはその技法のそういうものを作る力がちゃんと働いているんだと思うんですよね。

司会 なるほど。技法だけが独立して有効なわけがないと思うんですよね。技法が有効になるような文脈とかそういうものがあるからこそ有効ということですかね。

初回の入り方

司会 初回の入り方として，さっき黒沢先生がおっしゃったところはすごく興味深いなと思います。このクライエントはこういう人ですという事前情報をもらうときに，それに縛られすぎず，でも活用しながら，セラピーに入っていくのが理想ですよね。初回面接は，クライエントさんに会う前からもうスタートしてるんだなという感じがします。黒沢先生のお話を聞いてると，クライエントさんは母子密着ではなく，自分の意思で来た面があるという視点に立てるから，もうすでにそこから始まってるから面接がブリーフで終わるのかなという気がしました。要は，始まりが初回面接より前からもう始まっている。黒沢先生としては，何か初回面接で気にかけていることはありますか。

黒沢 別に解決志向ブリーフセラピーで言われていることを引き合いに出して言う必要もないですが，私たちがお会いするときには，「クライエントの解決はもうすでに始まっている」と考えています。こちらが相手に対して，そのような前提をもって見る。別にただ楽観的に見なさいって言ってるわけではなくて，しっかりと事実をもとに見る必要があります。たとえば，Kさんで言えば，1時間もかかるところに自分から来ようとした事実。何か意味があってクリニックを選んで来られたはずでしょう。そこを初回では聞いていく。

　あとはその安心をお互い持てるように，相手の表情を見ながら，どんなことが好きなのか，どういうことをしてるときが今まで自分が生き生きしていられたか，ほんの一瞬でもワクワクしたことって今までどんなことがあったかとか。ことばだけじゃなくて，もちろん様子や表情も見ます。目がキラリと光るときとか。要するに，どういうところでその方が豊かになるのかを知りたい。もちろん，Yes, But... なことはよくある。「こういうことを楽しんできました，でも……」とかです。それでも，そのときそうであったことを知ることは悪くない

ことです。

　また主訴は特にクリニック・レベルですと，やっぱり治療とか治すってことが目的ですから，今できてないことがこうなったらいいというのがたいがい主訴になります。よく言えば願いです。例えば，受付票に眠れてなかったら，眠れてないと書く人もいるでしょうが，「眠れるようになりたい」と願いを書く人もいる。また，「落ち込まないようになりたい」というなら，落ち込まない代わりに，どんなふうになっているといいのか。クライエントが何を望んでいるのかというところを聞いていく必要があると思います。今まで困難な背景をもった方が「就職したい」という訴えがあった場合に「すごいですね」といった軽々しい返答しかできないと，今までどれだけクライエントさんが失敗してきたかという情報をその方は語らざるを得ないことになる可能性があります。それよりは「こんな大変な中でも何とかここに来ようと思えたのは，他の人の力もあったかもしれないけれども，もしその中で自分の力もちょっと働いていたとしたらどんなことだったのかな」といった質問を考えてうかがいます。面接が尊重され安心できる場となり，その方はご自身の解決の専門家であること，そのリソースをもっていること，これらを全部前提にしながら丁寧にことばを選んで質問をするということを心がけています。

司会　だから来院されてることがすでにもう解決，いい方向に向けて歩み始めてることになるのかなという感じもします。本当に解決志向アプローチの基本といえば基本なのかもしれないですけども。

黒沢　私，たくさん喋っちゃったので近藤先生の方がいろいろ感じてらっしゃることがあるんじゃないかなって，今ボディアクションを見ながら感じたんですが。

近藤　そうですね。今後は自分を閉じないで広げておくというのが課題だなと思いました。今回たまたま彼が虫を捕まえたり，散歩したりといった話に，すごくいいなと思ってそこで話題が広がりました。多分，彼との相性も良かったのかもしれませんけど，全てのクライエントさんの話し始めた内容に，自分が沿っていけるかというとそうではない。閉じられていたのかな，と今は思うんです。そこを広げるために，ある先生は日頃からすごく本を読まれて自分を広げている。次の課題みたいなものが少し自分の中で生まれ始めた感じがしますね。

黒沢　近藤先生と司会の木場さんと2人のお話の中で，散歩の話や，ぐるぐるの話などのやりとりももっと検討できたらよかったということでした。それは私も聞きたいところですが，またいつかやれればいいと思います。おそらく東先生が扱ってくださるでしょう——残しておかなくちゃ（笑）。でも2回目の

面接で，Kさんの気持ちのコントロールが難しくなる話のときに，近藤先生が「その状況をどんな呼び方をするとフィットしますか」と聞いたことで「ぐるぐる」が出てきた。2回目で，問題の外在化に成功している。これは，近藤先生が意図して行った質問で，私から見たら，十分にブリーフ的な運びです。「ぐるぐる」を扱う流れを作って，割と定番の質問ですけど「その弱点は？」と聞いたら本人が「その時やりたい別のことをぱっとやる」と出てきた。それが近藤先生にとって大きな発見であり，またKさんにもフィットしました。ここはとてもいいやりとりだったと思います。Kさん本人がおっしゃったことですから。大事なのは，クライエントさんの中から出てくるということです。クライエントが答えをもっている。でもそれは問われなければ出てきません。それが出やすい仕掛けや環境作り，つまり質問が必要なわけです。こうやってクライエントさんから教えてもらうことによって，面接が役立つものになってくるのです。

　もちろん近藤先生の課題（？）である「広げる」ことはとても大事ですが，このケースでは彼からたくさんのことを教えてもらい，本人が出してきたものをうまく受け取って活かされています。本人からの出てきたことをうまく軸にしながら，彼が苦戦する場面でも，また立ち戻って収拾できることをたくさんなさってます。今やっている面接でどこがやれているのかにもっと気づいて続けるという意味で，そのままでいいよと言いたい私もいます。でもそう言っちゃうと「全然進歩しないじゃん」と思わせてしまうかもしれません。Kさんとの面接からだけでもたくさんの教えてもらえることと，すでにできていることがあって，それを近藤先生がもっと意識するのがいいと思うわけです。全部意識化しなくてもいいけど(笑)。そういう意味も含めて灯台下暗しっておっしゃったのでしょうが，Kさんとの面接場面の中で近藤先生から出たことばがどれも自然でありながら，Kさんに治療的にもフィットする展開を作っているように感じたんですよね。

近藤　ありがとうございます。でも，あのときには何でこれが出なかったんだろうという反省の連続です。全部意識化してそれをやるというのは多分できないし，何かそれだと順番が逆になっちゃう気がする。

黒沢　うんうん。

近藤　かぶせちゃう。

黒沢　そう，かぶせちゃう。

近藤　それが多分，私はあんまり得意じゃないし，やれてない。むしろやっぱり湧き出てくるようなものを一緒に用いて，やりとりしていく方が副作用が少な

いというか。

黒沢　うん。

近藤　そういう感じがすごくしますね。

黒沢　そうですね。お薬は副作用とのバランスってよく言いますけど，心理職は
まず害を与えないってことが一番大事。今の近藤先生のことばもすごく大切だ
なと思って聞かせていただきました。

司会　なんかいいですね，近藤先生の謙虚さというか，そういうのがあるからこ
そ，ああやってKさんからいろんなものが出てくるのかなと感じます。キャラ
と言ってしまったら名人芸みたいになってしまいますけど，けっこう近藤先生
のそういうところもリソースになってるのかなという気もしました。ただ単に
クライエントさんがそういう力のある方だっただけじゃなくて，近藤先生の臨
床の場にそういうことを表現されやすいような空気感があるんじゃないかな。

黒沢　その空気感をつくるのも技と言えるかもしれません。思い出したのですが，
先ほどのビビり，「臆病」の話ですけど，エリクソニアンでもある岡山の**中野善
行先生**から40代ぐらいの頃に言われたんです。私は自分がちょっと臆病なこ
とがわかっていて，そこをもうちょっと何とかしたいなって思ってたんですけ
ど，そう言われてそれはそれでいいんだなと，自分が認められたような気がし
ました。

　　関連してもう一つ。先ほど近藤先生が，全部を意識化できない，しなくても
いいんじゃないかなっていうことでしたけれど，その部分も**中島央先生**が，「何
でもかんでも意識化するな」ってことを言われていました。私たちは言語化す
ることは大事とよく言います。どういう質問するかという具体的な言葉もブリ
ーフのテクニックではあると思います。でも，この意識化に関することについ
ても，自分の無意識を信じるというか，何かそういうものにちょっと任せてみ
る，クライエントさんと共にお互いにそういうことも大事にしてもいいと考え
ています。私の敬愛する先生方のお名前，同志のお名前を挙げて，お伝えして
おきます（笑）。

司会　ありがとうございます。先生方のお名前のところは書籍化の際には太字に
しておきましょう（笑）。

黒沢　今回のKさんと近藤先生の面接の中で，近藤先生は意識化してやってるわ
けじゃない面がありつつ，Kさんから「あっ，それか！」と腑に落ちることば
が引き出されたり，見つけられたりしてる。「ぐるぐる」もその一つだし，「そ
の時やりたい別のことをぱっとやる」というのも。でも，それだけだとまた彼
は行き詰まってしまうわけです。そこで思い込みで突っ走らないようにしまし

ようって，ADHDの方の特性を踏まえて提案されたり，そのバランスですね。すごく考えてやると彼はぐるぐるしちゃう。だからぱっとやればいいんだけど，またぱっとやりすぎちゃうと突っ走ってうまくいかなくなる。相反するものをうまく近藤先生が一緒に抱えている。相反するものをわかった上で，うまく大事なことの方を強調している。多分，リストを作ったのも，その中でバランスを考えながら，彼が意識できるようにされた。そういう作業を近藤先生が無意識も含めてうまくやってらっしゃった。場面は違うかもしれませんが，Kさんから「これどっちやってもなんかOKですね」ってことばが出てくる。治療的ダブルバインド……みたいな学術用語を使いますが（笑），でもダブルバインドなんてそんなに考えて面接していないですよね。本当に説明は後付けです，常に。少なくとも私は，これブリーフの本になるから意識して話しているだけです（笑）。そうは言っても，近藤先生，うまくバランスよくやっていらっしゃる。

近藤　そうですね。ぼんやりとですけど，少しでも具体的，かつ本人が楽そうなものという方向には向いてましたね。

黒沢　それは彼の指針になったと思うんです。あえてADHD特性があるという前提で言うとしたら，やっぱり優先順位つけるのが苦手なわけだし。いっぺんにワーッていろんな――よく言えばアイデアが出てくる，悪く言うとモザイク的――ものが散らばってしまうわけですから，そこをどんなふうに上手く優先順位も整理して繋げられるように手伝うかということです。そういう衝動的なほど前に進んでいける彼のエネルギーを壊しすぎずにこれた。多分，思春期のときはそこが上手くいかないから，反動で全部閉じてしまって，ひきこもりってことにもなってしまったのかと思いますから。

司会　近藤先生が具体的にすごく助けてあげるというよりは，作業リストみたいに非常に細かい部分でちょっと手伝ってあげている。クライエントさんの自主性みたいなのを奪わない知恵。こっちがやってあげてるところと，いわゆるサポートしてあげるところ，臆病さとのバランスなんかもあるのかなと思いますけど。

黒沢　最も課題だった睡眠を最後では味方につけてということを，Kさんが言ったと近藤先生おっしゃいましたからね。

司会　ありがとうございます。……やっぱり時間足りませんね。ほんとはもっとやりたいですが，時間がなくなってきましたので，お一人くらい参加者の方でご質問とかあれば，どうでしょうか？

黒沢　もし可能だったら，スーパーバイザーの児島先生がご参加ということなの

で，お願いできますか？

児島　え，私？　とんでもないご指名ですが（笑）。ほんとに何も申し上げること
ないです。なんでこれがブリーフだけの世界なのかという気がしちゃいます。
今の近藤さんのケースの発表と黒沢さんとのやりとり，それから木場先生との
やりとりの中で，面接のキーポイントは全部出ているんですよね。これがまだ
ブリーフの枠組みの中でしか語られていない，日本の心理臨床はどうなってい
るんだという感じがしました。

　たまたま最近，古いですけれど土居健郎の『方法としての面接』というのを
他のオンライン講習会のために読み直したんです。いやいや，今ここで議論に
なったことが全部詰まってるんです。そこの大切さ，当たり前さがなぜ日本の
心理臨床では浮かびあがってこないんだろうと，今回聞かせていただきながら，
ますます怒りが強まっている……。以上でございます。

司会　最後に児島先生を怒らせてしまうほどの事例検討ができたんだなと。怒り
の部分だけは書籍化しないように，どうしようかな？　本をつくるときにまた
児島先生に相談します。ありがとうございます。

黒沢　すみません，むちゃぶりして。

児島　相変わらず（笑）。

黒沢　使えるものは使うのがブリーフセラピーの極意。

第 15 章

東流のスーパービジョンで学ぶ

東　豊・近藤　進・久持　修

司会（久持修）　では，早速ですが東先生と近藤先生に投げさせていただいて，東先生に進行をお任せします。近藤先生と東先生は初対面とのことですので，自己紹介的なところからスタートしていただけたらと思います。では，よろしくお願いいたします。

事例検討のはじまり

東（豊）　近藤先生，初めまして。どうぞよろしくお願いします。

近藤（進）　よろしくお願いします。

東　それでは始めたいと思いますが，何しろ近藤先生と初対面ですので，まず近藤先生の方からご紹介をしていただけるとありがたく思います。

近藤　臨床歴はまだ 20 年にも満たない経験です。主に学校領域のスクールカウンセラー，クリニックでの心理士を非常勤でやっています。学生の頃，指導教員の峰松修先生から少しブリーフの話を聞きました。

　　その後，大学院を出てからは児島達美先生に SV を受けました。他には研修で吉川悟先生や中野真也先生からシステムズアプローチなどを学び，現在に至っています。

東　ということは近藤先生は九州の出身？

近藤　生まれは関東ですが，現在は福岡在住です。

東　児島先生や峰松先生であったり，錚々たるメンバーにご指導を受けてこられたわけですね。早速，中身に入っていこうかなと思います。進め方に関しては近藤先生にお任せして，喋りたいように喋っていただいて，もし何かお聞きになりたいようなことがあるなら，遠慮なくお聞きいただくという形で進めていきたいと思います。

　　タイトルに「東流」とかありましたけど，東流というのがあるわけじゃない
です。もうちょっと言うと，その人（スーパーバイジー）次第なんです。

近藤　お～。

東　なかにはキツイこと言われてへこんで 3 日ほど飯も食えんちゅう人もいるじゃないですか。そんな人には優しく。反対に多少パンパーンと言っても，ナニクソ～って言うて食いついてくる人にはそれなりに，相手によってずいぶんやり方が変わるのが正直なところです。近藤先生はどのタイプ？

近藤　基本的には小心者だと思います。臆病なんですけど，慣れてくると凹みながらも言いたいこと言ってしまって，けっこう熱くなってしまうことが児島先生とも何度かあった気がします。

東　あんな穏やかな児島先生と？

近藤　はい。前回は黒沢先生に失礼なことを言ってしまいました。

東　え～，まじですか。勘弁してくださいね。私は 3 日ほど飯食えんタイプですから。

近藤　（笑）

東　冗談はともかく，割と思ったことをいろいろと口にさせてもらっても大丈夫ですかね？

近藤　むしろありがたいです。

東　気楽な感じでやりとりさせていただければと思いますんで，発表の方をよろしくお願いいたします。

近藤　最初にパワーポイントで 1 枚だけ面接構造と面接に至るまでの概要を紹介させていただきます（前章参照）。

東　そうそう，もう一つ近藤先生に了解いただきたいことがありました。ご発表の途中で，私にわからないところがあったら，止めて確認させてもらってもよろしいですか。

近藤　もちろんです。

東　じゃあ途中，いろいろツッコミ入れさせてもらいますね。

近藤　はい。では，始めます。タイトルは「人と話したい青年との虫の語りに導かれた事例」とさせていただいています。K さん，19 歳，男性，身長 160 センチぐらいで体重 40 キロ。主訴は人と話をしたい，就職したいことです。面接期間が X 年 5 月から X ＋ 1 年 8 月までの約 1 年 4 カ月で合計 18 回のカウンセリング（以下，クリニックでの呼称に沿いカウンセリングと呼ぶ）を行いました。1 回約 50 分ほどで，その後に医師の診察という流れです。カウンセリングの間隔は，最初は 1 週間に 1 回やりたいということでした。2 回目は 1 週間

後，3回目が2週間後でしたが，カウンセリングで話すのがやっぱりきついということで，4回目ぐらいから3週間に1回程度のペースに安定しました。9回目の面接のときにお母様が同席されました。13回目に間隔が6週間に延び，その後17回目が6週間後，18回目が12週間後でした。

　家族構成は3人暮らしで，ご両親はそれぞれ40代後半。お父様は夜勤勤め。主な症状としては，人と話すのが怖い，情緒のコントロールの困難，拒食傾向，不注意，物忘れ，昼夜逆転などがありました。Kさんの問題は中学1年生の頃に不登校になったというところから生じていったようです。原因は不明ということでした。この頃から家族以外とは関わらなくなって，同年代の人と話さなくなってきた。ゲーム依存状態が続き，食事をとる必要性を感じなくなる。

　中学卒業後，通信制高校へ進学。高校卒業後はひきこもり状態。インターネットで検索して自分は高次脳機能障害か統合失調症じゃないかと考え始めて，ネットで精神科のクリニックを見つけて受診し，心理検査を得てADHDと診断されて投薬が開始されました。その翌月に人と話をしたい，就職したいという希望で，カウンセリングが開始されています。ご紹介できる情報はここまでです。

東　ありがとうございます。非常にコンパクトにうまいことまとめてあります。特に聞いてみたいことは今の段階であるわけではございませんので，中身に入っていただきましょうか。

近藤　全部で18回の面接を，私の中で5回ぐらいの流れで区切る形でお話させていただきます。この方とのカウンセリングを振り返ったとき，虫の語りというのが大切なポイントだったと考えているのですが，面接のスタートがちょうど5月だったので春で3回。夏に4回，秋に4回，冬に4回，開始から1年が経過して，終結に向かって3回，全体で5期に分けています。

　特に1回目のカウンセリングについて，東先生だったらどう進められたかなどをやりとりができたらありがたいんですが，よろしいでしょうか？

東　わかりました。

第1期（春の巻：1〜3回）

近藤　まず，その1回目ですけれど，Kさんとお母様がクリニックに来談され，午後に予約されています。最初に会ったときは，お母様には待合室で待っていただき，Kさんだけ面接室へ入っていただきました。髪もわりと整った感じでしたが，見るからに痩せていて，色白くて。ただ，すごく誠実そうな方で，話していくと何か公正さみたいなものにすごく敏感な感じの方でした。

　一番忘れられないのが，彼の会話のリズムです。返ってくるのが遅いんですね。それで，この方にまた来ていただきたいというか，安心してここで過ごしてもらいたいっていう意識がかなり強まりました。

　実際，私がかぶせてしまって，もう 1 回言っていただいてよろしいですかというのが何回かありました。それを私なりにすごく感じた 1 回目でした。

　Kさんがカウンセリングを利用したい理由として，「人と話をしたい，就職したい，親に迷惑かけたくない」ということをおっしゃいました。私と会う以前の段階で検査に来られたときに，「親子の距離がいつも近い」という情報もありました。待合室でも常にお母様が傍らにいらっしゃいました。実際に通院するにも，1 人でご自宅からクリニックまで来るのはかなり難しいんじゃないかという印象がありましたが，何かが動き出してる感じというのもありました。

　これまでの経緯をKさんが語ってくれた中に，中学から通信制高校に進学するときに実はきつくなってきて動き出せない状態になって，その時，お母様からちょっと背中を押されて散歩に出たという場面がありました。その散歩の場面をKさんに詳しく聞いていきました。

　彼もなんで僕がそんなに散歩の話を聞きたがるんだろうみたいな感じだったんですけど，「どんな風景だったんですか」とか，「風とか匂いとか何か生き物とかいましたか」なんて聞いていると，本人が，「あっ！」と思い出してくださいました。それは散歩しているときに，泥の中に大きなカエルがいるのを見つけて，水路まで下りて，多分足も濡れてると思うんですけれども，泥の中に手を入れてウシガエルらしいですけれども，それを捕まえたというんです。そのカエルをお母さんに見せようとしたけれども自分の声が小さくて届かない。で，カエルを持った状態で，川から道路の方に上がる体力もなかったと語ってくれたんです。「すごいな」って。私もなんか熱くなるような感じで聞いていた場面がありました。

　そのときのエピソードを，Kさんがその後のカウンセリングの中で思い出したことがあって，「あのときにああいう時間が自分にもあったから，何か勇気が持てた。人間として生きてる実感をあのときに感じた。だから通信制高校へ動けたんだ」っていうようなことを，振り返って語ったことがありました。

　また，Kさんが人と話すことの怖さについて話題にしたとき，特に怖いのがご近所様で警戒心がすごく湧いてくるということでした。自分の過去のことを知られてしまうのではないか，それを考えるとどんどんきつくなってくるということでした。「そのきつい状況を何か別の言い方で表現できないですか？」というやりとりを続けて，本人がなかなか喋れない感じだったので，「例えば色合

いだとどうですか？」と聞いたら，「負のオーラが人と会う時になると出てきて，色合いは黒とか紫に近いもの」ということでした。今後の面接の流れの中で，そこも確認しながらお話できたらいいな～ということで1回目の面接は終わりました。

　初回の面接の時はだいたいこのぐらいの状況だったと思います。先生の方で何かご見解をいただけたらと思います。

東　ありがとうございます。もう少し聞きたいんですが，今のウシガエルのエピソードは，この方には随分それが良い記憶というか，良い出来事としてあって，通信制高校にもつながってくわけですけど，そこをもうちょっと腑に落ちる感じが欲しいんです。なぜそのウシガエルがドブの中にいたんですか。それを引っ張り上げてどうしたんですかね。その一連の動きの何が彼にとっていい体験だったのでしょう。

近藤　その時はまだ推測でしたけれど，その後の話の流れの中から言えることですけど，本人は生き物とかがすごく好きだったみたいです。「自分も川の生き物なんだ」みたいなことをボソッと言ったことがありました。

東　自分も川の生き物なんだって。

近藤　はい，川の生き物なんだなーって感じたということを本人が言ったことがありました。この時もゲーム依存状態で，お母さんから散歩に促されるのも本当はかなりきつかった状態だったと思います。小学4年生ぐらいまでは，お父さんと虫捕りに行ったりもしていたそうです。その後語られるんですけど，本人がやっぱりやりたいと思ったこと，その時，体を動かしてカエルを捕まえたという状況が，本人にとっては生きてるんだって思える体験として，僕に語ったのだと思います。

東　OK です。もう一つ教えてください。ご近所の方に自分の過去のことを知られるのは嫌というか，これってなんのことですか？

近藤　おそらく学校に行ってない状況だと思います。この方はすごく真面目な方で，自分が本来だと学校に行ってるときに行ってないことを知られるのを警戒しているんだろうなと私は捉えました。その頃からカウンセリングが始まるまで，ご親族とも交流を断っています。

東　なるほど。「負のオーラ」という専門用語が出てきておりますけど，どこでそのことば知ったんでしょうね。

近藤　おそらくゲームだと思います。この後,「ぐるぐる」ということばが出てくるのですが，僕もゲーム用語は詳しいわけじゃないんですけど，ゲームをやる人同士の感覚のことば遣いとか，やり取りなら，この人にとっては話しやすい

のかもと感じながらやっていたところです。

東　わかりました。1回目の最後の方，どんなエンディングになったんですかね。

近藤　人と会うと怖くなるとおっしゃっていたので，「クリニックに来るのもきついだろうな」と感じたので，「今，私との面接，この場面はどうですか」と伺うと，本人すごく「え〜っ」てなって。申し訳ないんですがという形で「僕と対峙しているこの状況もきつい」というふうにおっしゃいました。実はここ1週間ぐらい前から，「通院しなきゃ」と思った時点できつくなり始め，日が近づくにつれて眠れないということも出てきた。それをまた次来られた時にどうなっているか，様子を見ながら教えてくださいっていう形でまとめるのがやっとでした。

東　やっと？　うまいなと思って聞いていましたよ。確認ですけど，この方はクリニックの患者さんとして来られたんですよね。お母さんと一緒に来られたんですが，これはどこかの紹介で来られたんですか？

近藤　この方，自分でインターネットで調べて来られました。

東　そうか，自分で調べて，母さんに言って付いてきてもらった感じ。

近藤　そうですね。今までスクールカウンセラーとか，相談というものを一回も利用したことがないとおっしゃってました。

東　初体験。なんでまた，そんなことを受けようって気になったんだろう。

近藤　本人が言うには，家でオンラインゲームしているとすごくマナーが悪い人がいて，ものすごくイライラするんだそうです。

東　なるほど正義感強い。

近藤　それが結局自分に跳ね返ってきて，部屋の物を壊したり，お母さんに暴言を吐いたり，死にたいということばが出てきたり。

東　オンラインゲームを通してのイライラがきっかけになりやすかったのでしょうね。

近藤　そこが一番なりやすかったっておっしゃってました。

東　なるほど，そういうことの苦しみもありちょっと何とかしようということで，カウンセリングを求めたということでしょうか。

近藤　そうですね。さらにこの方，2回目，3回目とも重なるのですけど，何かしたいと思った時の発動条件と言うか，それがうまくできないって感じたときに，きつさがどんどん強まるという流れが出るんです。こうしなきゃと思ってそれがやれなくなったタイミングで，本人がかなりひどく崩れていくようです。

東　そういうエピソードが2回目以降に出てくるわけですね。

近藤　出てきます。

東　そうですか。お母さんが一緒に来られているので，お母さんの方にもカウンセリングでなんか喋りたいとか，何かアドバイスが欲しいというニーズがあったってことですか。

近藤　あったのかもしれませんけど，お母さん自ら自分であれこれというよりは，一緒に付き添われては来ますが，面接室に本人が呼ばれるときも，本人の方をずっと見て，私にお願いしますって感じでした。

東　なるほど。さっきお母さんとの距離が近いという情報もありましたが，それはどこから。

近藤　心理検査を受けているので，初回の検査のフィードバックのところだったと思います。

東　先生以外の誰かの情報ですね。

近藤　情報を共有できるカルテに書いてありました。

東　そこに母子の距離が近いみたいなことが。

近藤　ただその情報が基点というよりも，その情報は私がクライエントと会ってどう見るかっていう。院生時代にある先生からの SV で「フライング」って言われ続けたことがあったので，自分なりに何か意識が及んだのかもしれません。

東　フライングを詳しく教えて。

近藤　たとえば母子密着と決めつけて，その筋書に沿って動いてしまう前に，一旦待って実際のカウンセリングのやり取りの中で，患者さんから教えてもらうことに沿っていく流れにしようということだと思うんですけれども。

東　いいアドバイスをしてもらっていましたね。実際，この母子の関係はけっこうネガティブなものに感じましたか。

近藤　いえいえ，すごく友だちに近いお母さんと息子っていう感じですね。K さんが拒食で，体がちょっと動かない時は，お母さんが支えていくという状況と彼が支えなくていいっていう微妙なバランスの関係だったのかなと思います。でもだんだん元気になってきた時に，すごく友達関係に近い感じでした。これが多分この親子なんだろうなーって。お父さんがずっと夜勤で出られていたという状況で，この家族のそういう雰囲気って何かいいなって感じがしました。

東　なるほどね，そうですか。2回目の面接は1週間後でしたっけ。

近藤　はい，2回目は1週間後でした。

東　本人喜んで予約取って帰られたでしょうね。

近藤　この時はですね。

東　嬉しかったでしょうね。

近藤　はい。

東　けっこうだと思います。

近藤　2回目は，間隔も1週間だったので，Kさんにとってはかなりきつかったようです。本人から最初に語られたのが，「もう全体としても何もしたくない状態になっている」ということでした。また，「前回のカウンセリングの中で印象に残ってることはやはり川の話をしたことだ」と言ってました。で，事前の情報で絵がわりと好きだとあったので，僕も川の話はすごく余韻が残ってたので，本人に「もしよかったらどんな川の状態だったのかちょっとここで描いて教えてくれませんか？」と，二人の間に紙を置いて，ちょっと川を描いてもらいながら，「ここに橋があったんだ」「ここから降りたんですか？」とか，川のスケッチを描いてもらってやり取りをしました。

　3回目ですが，負のオーラの色合いを確認したところグレーになってました。「普段しないことが混じってるという意味でグレーになってきている」という言い方をされました。

東　普段しないことって何のことですか？

近藤　多分カウンセリングに来ていることだと思います。あとは2回目の面接で，「勉強する」と言ってたんですけど，何から手をつけていいかわからないので，私にアドバイスを求めてきました。私は，彼が取り組みやすそうで短い時間でもやれそうなものがないか尋ね，一緒に整理していくと，世界のこととか英検2級を高校の頃に取っていたという話が聞けたので，世界地図を見てみることや，英単語を覚えることから始めてみるなど提案しました。ところが，3回目の来談時にKさんは「やり始めたら勉強しなきゃという意識が出てすごい負担になって，うまくいかなくなってしまう。自分で言ったのにできない自分を責める，そしてすごく苦しくなってしまうきつさがある」とおっしゃったんです。その時にKさんに対して，「そのきつい状況って，呼びやすい名前をつけたら何がフィットする？」って聞くと，「ぐるぐる」というものでした。僕はぐるぐるをゲーム感覚のことばのように受け取って反応し，「ぐるぐるですか，確かにきついですね。ぐるぐるの弱点があるとしたら何ですかね？」って言った時に，本人は「えっ？」ってなったんですけど，割とすぐに，「別のしたいと思うことをすることです」って答えたんです。

　最後に「別のしたいことをするということを今後は検討してみましょう」とまとめた後に「2週間に1回はやっぱりきついので3週間に1回にしてほしい」というリクエストもあり，3回目は終わっています。

東　ここまでが第1期，春の部ですね。春夏秋冬で分けられるというのはなかなか粋な感じがします。「いいな〜」と思いました。春の部が終わりましたが順調

な流れに見えますが，何か気になることはございますか？

近藤　本人から勉強の話題が出た時ですね，負担なくやれそうなことを提案するぐらいしかできなかったんですが，実は4回目が始まる前にドクターから，「本人がこんなカウンセリングやっても意味ないって言ってたよ」と教えられたんです。その時僕の頭の中によぎったのが，勉強のアドバイスについてのやり取りでした。そこを東先生にお伺いしたんですけど。

東　2回目から3回目にかけて，いろんなことが考えられるんですよ。勉強をどうしたらいいだろうかっていう話があったわけですけど，おそらく私だったら，「なんで勉強したいのか」をもっと聞くと思います。この人，親に迷惑かけたくないんですよ。負担かけたくないという思いと何かつながりがあるかもしれませんしね。「本当に勉強したいのか」ということにものすごく時間割くだろうな。だから安易に「勉強したいの？　じゃあ英単語からいく？　地球儀，地図……」みたいな展開はおそらくなかっただろうと思います。ただね，次に言いたいことがあるんです。近藤先生がそういう展開をなさったからこそ，3回目のぐるぐるに繋がっていくわけです。「勉強するって大変だった」があったから，近藤先生が上手に「ぐるぐる」ってことばを引きだして，さらに「そこはどうしたらいいんや？」というので，「別のしたいことをすることや」と引っ張り出してきて，次のやり取りにつながっていったわけです。

　　さっき偉そうに僕だったらこうしたって言ってますけど，別に他のことをしてかまわない。大事なことはいろんなことやってみて出てきた結果，「ああ，うまいこといったな〜」もあれば，「えらいことしてしもうた」もあるわけですけど，そのえらいことしてしもうた，一見失敗のように見えることも，そこから次へどう展開させていくかです。ここが一番大事なのですよ。それが僕は見事やなと思って聞いてました。

　　ですから勉強のことをぼくだったら違うと言ったけれど，だからといってこの展開が違うって思わない。むしろ何度も言うように，見事な切り返しというか，いわば失敗のリカバーというか，そんなふうに僕には見えますね。

第2期（夏の巻：4〜7回）

近藤　夏の部に進んでいきます。4回目は前回のこともあり自分の中で気持ちの揺れがありました。そしていざ本人が来るとすごくいい状態だったんです。お薬が馴染んできている感じでした。この方は主に抗うつ薬と頓服で抗不安薬を飲まれていて，もうこの時点では15週くらい飲まれています。眠気もありましたが，不安はそんなにないと。確かに表情も落ち着いていて，僕も「あれっ？」

ていう感じでスタートしました。

　「カウンセリングの1週間前からのプレッシャーは変わらないけれど，実は動きがありまして……」という話がありました。「別のしたいことをしよう」という前回の面接のことが残っていたみたいです。「お母さんに相談して，夜勤で忙しいけれどお父さんに頼んで，虫捕りに連れて行ってもらった」と。お父さんと行ったのが10年ぶりくらいと言ってました。

　そこでKさんがウシガエルを捕まえた場面は捕まえたいから捕まえた。捕まえたいから動くんだという本人の中の理由というか。そういう話もあって，父に虫捕りに行きたいと頼んでお父さんが連れて行ってくれた。コクワガタとノコギリクワガタとヒラタクワガタを捕まえたそうです。「うわ〜，ノコギリですか」って，僕は反応したんですが，本人からするとヒラタクワガタがかっこいいということでした。夏の部では，どんどん家族とご親族を巻き込んで，虫捕りのシーズンが始まります。虫捕りで彼の周りの風景がすごく変わりはじめたところです。

東　これは本人からお父さんに頼んだんですね。

近藤　いや，多分お母さんが間に入っていると思います。

東　お母さんが入ってくれてる。

近藤　お父さんとは話す機会があまりないという言い方をしていて，すごく気をつかっている感じがします。

東　次，5回目よろしいでしょうか。

近藤　Kさんが虫捕りに出かける山がお母さんの実家の近くで，中1で不登校になってから7年くらい交流してなかったそうですけれど，お母さんの実家を基点にして虫捕りに行ったり，帰りはそこで夕食を食べたりということが同時に起こってきました。

東　そのお母さんのご実家で。

近藤　はい。おばあちゃんとおじさん，あとおばさんがいらっしゃる。仕事で行けないお父さんの替わりに，週末におじさんが虫捕りに一緒に行ってくれる状況まで出てきて，また，そのおじさんとの会話が7年ぶりだったそうです。「いや〜，人が怖いから緊張する。でも話せました」というので，なんでって聞いたら，おじさんが車を運転しながらその場所に行くんですけれど，そのときに虫の話をしたと。またおじさんが過去を一切聞かなかったそうです。

東　なるほど。

近藤　その話を聞いて，カウンセリングもそうだけれど，向かい合ってただ話すというよりも，「紙にABCって書いて，三項構造みたいな流れの方が，直線的

に向かい合ってただ話すよりも楽かもしれないね〜」という話を本人としていって。4回目を契機に夕食時におばあちゃんとも話をしたりとか，後片付けもやるとか，初めて野菜を切りましたとか，そういう動きにつながっていきました。

東　けっこう長い間，お母さんのご実家に寝泊まりされていたんですか。

近藤　一番多い時は毎夕食行ったときもあるそうです。

東　けっこう近いんだ。

近藤　だと思います。

東　だからすぐ気楽にいけるわけですな。なるほど。それをずっともう毎日というふうに。

近藤　一番多いときはそうだと思います。4回目のときはまだ週末だけだったはずです。

東　本人が知ってるかどうかわかりませんけど，お母さんがけっこう背景で動いてくださって，おじさんに虫捕りお願いしてみたり，昔のこと聞かないでとか，そんなこともあったかもしれませんね。それを想像すると心がきゅっと熱くなるようなええ話やね。次いきましょうか。

近藤　それで6回目に来て，「調子が悪いときがあると。今までは日常が平坦だった。でも虫捕りに行くようになって楽しい時と楽しくない時の差がきつい」という話題が出てきたんです。それで「ぐるぐるはちょっとあるのかな」って聞くと，「あります」と。そういう状況があるけれども，虫捕りにもとりあえず行っている。すると「虫捕りしていて，ある意味人生で初めて共同作業を楽しいと思えた」と言うんです。小4の頃は，給食の配膳の共同作業でさえ自分はほんとに嫌だったっていうんですね。でも虫捕りを通じて，お父さんとかおじさんと針金でいっぽうが木肌をめくって，もういっぽうが別の針金やピンセットで虫を追いかけて出して捕まえるとかしてると「ありがとう」や「ここやって」とかいうやりとりもできて面白いと。

東　やりとりが面白い。

近藤　はい。面白いって。「こんなの初めて感じました」って。あ〜それはすごいねっていうのと，この方，捕まえた虫の飼育も同時にやっているんですね。ペットショップにも行きはじめて，店長さんと3時間くらい話したと。

東　へ〜。

近藤　人生初だそうで，自分でもこんなのあり得ないと言ってました。「今，どのくらい虫飼ってるの？」って聞くと，その時点で，10個ぐらい多分虫のケースか何かあるって。その時Kさんから出たことばで仰天したのが，「お金を稼ぎた

い」ということでした。ペットシーツやら，お金がかかると。

東　それだけ飼うわけだからお金かかるわな〜。

近藤　「すぐにバイトとはいかないけれど，自分の中にこういう考えが出てきたこと自体がすごく驚きです」って言ってました。

東　自分でも驚いたわけ。

近藤　ここまでが6回目で，次の7回目のときには，もうキャパオーバーでそれ以上は飼えないから，虫はキャッチ＆リリースになっていると。僕は釣りをやる人間なので，キャッチ＆リリースってわかるけれど，虫捕りでキャッチ＆リリースって，この人すごいなって思いました。

東　虫捕りであまり使わんよね（笑）。

近藤　この動きにペットショップでのことが加わってきました。ペットショップのイベントや即売会があるみたいで，スケジュールが出てきたんです。予定を合わせないといけないと。「それに合わせて僕も行かなきゃ」とか，「おばあちゃんの家に行って今日は夕食食べなきゃ」とか「予定に合わせる」という話題がちょっと出始めてきました。

東　なるほど，なるほど。

近藤　Kさんがこのとき，あのカエルの話を思い出して「あのときに自分はやっぱり変わらなきゃと思って動き始めたのかもしれない」と。

東　そこでしみじみと言ったんですか。

近藤　「う〜ん」って頷いていると，「ドクターにデイケアを申し込もうと思います」と。「一対一から少しずつ人と話す数を増やしていって，その後できればアルバイトとか職業訓練をしたい」ということばも本人の中では出ていたので，本人の中での見通しが外側にちょっと向き始めた段階でした。これが夏の最後です。

東　夏の部のこの展開は，なかなかすごいですね。

近藤　こっちもウキウキして楽しくなる気持ちがありました。前回，黒沢先生との話で，私と患者さんとのやりとりをサッカーのパスのたとえを使って表現したんですが，夏の部になってくると彼の動きは「パス」というよりも「ドリブル」のように感じた場面があります。というのは次の回になるごとに何か動きが出てきていたからです。この後，秋になってくるとスピードアップして突っ込んでいき，またぐるぐるがわ〜っと出てきてました。

　　終結を迎えたから今はっきりそういう状況を言えるんですけど，このときは霞がかかってる感じ。いい方向にいくかもしれないし，大丈夫かな〜とも思う。両方の気持ちを持って次のカウンセリングを待つという流れになり始めていま

す。

東　じゃあその秋，いきましょうか。

第3期（秋の巻：8〜11回）

近藤　Kさんは，冒頭から「デイケアよりも自分はバイトだと思ったので，デイケアは申し込みませんでした」という話で入ってきました。彼の中では「その前にやっぱり職業訓練かなということで，自分の方向性はこれでいいんですかね」という感じで僕に確認してきました。僕の中ではやっぱり急ぎ過ぎない方がいいんじゃないか。もうちょっといろいろ検討してみましょうかという形で，今後，タイミングを見て就労支援とかの説明をしたいなと思っていました。

東　「急ぎ過ぎない方がいい」と。どうしてそんな気持ちを持たれたの？

近藤　行っちゃいけないとかじゃないんです。何だろうな，多分，私とKさんの間でのぐるぐるの体験の共有が影響していたと思うんです。この方，事前に情報をすごく調べて，後で自分が「わ〜っ」てなっていくところが，虫捕りではおさまっていい方向につながっていったので，そういう方向性を僕は探していたんだと思います。

東　最初の頃の勉強したいというところで，単語のことなど教訓としていきてましたか？

近藤　そうだと思います。

東　それで急ぎすぎないようにというお気持ちで取り組んでいらっしゃったと。

近藤　Kさんは自分でやると言いつつも，自分には性格の問題があるともおっしゃるんです。ADHDの診断を受けてから「何かイライラしてくるとまずい」という意識ができるようになってきたそうです。このとき，彼から初めて「診断受けて良かった」という話が出て「ああ，そうだったんだね」と，一つ教えてもらいました。

　後は職業訓練，職場体験，ハローワーク，就労支援などの説明を一応したけれど，本人としてはやっぱり働きたいという思いが強いというのを，2人でこう腕組みながらやりとりしました。そこで「お母さんに相談しているの？」と聞くと「してます」ということだったので「じゃあ次回はお母さんにも来てもらおう。ここでいい知恵出せないか話し合ってみよう」と本人にも提案して，本人が「わかりました，母に確認してきます」ということで8回目が終わって，9回目のお母さんが初めてカウンセリングの場に登場するという状況につながりました。

東　お母さんも一緒にというところ，全体的にはどういうことを考えていらっし

ゃったのか，先生の狙いを教えてもらえる？

近藤　まず本人とお母さんが，どういうやりとりをしてるかを直接お母さんから
　聞きたかったのがありました。お母さんいつも来られるんですが，この時まで
　は待合室で待たれていたんですね。ここまでの経過で本人も動きが出始めてき
　て，正直，僕も困ってるところもあるし，本人も困ってるところがあるので，
　お母さんがどう捉えているのか，一緒に同じところで検討してみたいと提案し
　たら，本人の抵抗とかそういうのは全くありませんでした。

東　「検討してみたい」，先生自身困っていらっしゃったわけですね。

近藤　そうですね。

東　先生は何に困ってらっしゃったんでしょう。

近藤　困ってるというか，迷っている……ですかね。カウンセリングのリズムが
　変わった。何かトントーンとちょっと動き始めたので，今ちょっと止まって，
　待ってるところですね。そこを2人で共有するよりも，今回，ほんとお母さん
　の知恵というか，お母さんからの見え方を共有するということが，何かこの状
　況に少し変化をもたらす可能性があるんじゃないかなと捉えていた。明確な戦
　略はないです。

東　でもお母さんの力を何かちょっと借りたいみたいな感じですかね。

近藤　はい。

東　けっこうこのお母さん，ここ一番で大活躍できそうなお母さんやしね。

近藤　そうなんです。

東　お母さんを巻き込んで，智恵借りてペースづくりしていこうという感じです
　かね。

近藤　そうですね。

東　では早速，次の回を。

近藤　はじめは，まだお母さん入室前です。「結局僕は何もできていない，デイケ
　アもそうだし，職業訓練もバイトも受けてない」と本人の調子がガーッと落ち
　てきているところがスタートでした。
　　とはいえ，働くとなると昼夜逆転の生活を直さないといけないという話題が
　クローズアップされます。「でも寝付けない，うまくいかないことがあるとぐる
　ぐるがすごく出てくる，どうしたらいいか」という話が出てきました。「昼夜逆
　転をなんで直したいのか」と尋ねると「このままだと仕事にも行けない，仕事
　に行けないとやっぱり親に迷惑かける」と答えました。「じゃあどうしたいの
　か？」と聞いたら「お母さんには迷惑かけたくない」と。じゃあ，眠れない時
　間，お母さんが助かることってありそうかなと検討して，夜中に食卓を片づけ

たり，洗濯物とか洗い物，それをやったらお母さんは喜んでくれるかもしれない。あるいは喜ばないにしてもやらないよりマシかもしれない。「じゃあ昼夜逆転の作業リストを作ろうか」と言って，本人とそれを実行してみようという話をした。家族の役に立つことをやったら，それはそれで役立つし，それやって，眠くなったらそれはそれでいいし。やることなかったら作業リストを考えると。そんな話をしてたらKさんが「どっちに転んでもいいですね」ということで，ちょっと試してみるということになりました。その後，お母さんに部屋に来ていただこうと。ここまでが9回の前半です。

東　その時はまだお母さんは入ってないんだ。途中からお母さんが入ってきたんですね。

近藤　そうです。最初にこの3週間の経過をKさんとやりとりしてから，お母さんに入っていただきました。お母さんに「Kさんがバイトしたいということで，お母さんのご意見もぜひ聞かせていただけたらと思って，今日声かけさせていただきました」とお伝えしました。お母さんの基本的な考えは「働きたい気持ちはわかるけれど，今このタイミングで，勢いに任せてやってしまうと，打ち砕かれてしまったときが心配」というものでした。Kさんもそれを聞きながらうんうんと頷いていました。それで僕からは職業訓練とか本人の状況に合わせて進めていく方法も一応Kさんと話してますと説明して，「Kさんはどうしたいですか？」と確認したら「いやそれでも僕はやっぱり年末までにはバイトしたい」とこの場で言い切ったので，お母さんと「3人で少しでも何かやれる方向で知恵を出し合ってみませんか？」っていう確認をしました。またKさんの昼夜逆転作業リストについてお母さんにお伝えすると，「わかりました。そんなことするんですね」っていうことで，この9回目は終わったと思います。

東　だいたいのところでいいので，ちょっと教えてくださいね。最初にお母さんが心配になりましたね。「本人があんまり頑張りすぎて潰れてしまうのが一番怖い」と。それを本人もうなずきながら聞いていたということですね。これは本人がお母さんからよく言われてたことなんでしょうか？

近藤　1回は言われたかもしれません。でも，お母さんもしつこく言うと多分バトルになるし，本人がわーってなるかもしれないので。また，本人はお母さんには一度相談してる状況だったので，そのときのお母さんのリアクションが同じことばを言ったかもしれませんし，言わないで溜め込んでた可能性もあるかもしれません。ただ，本人のぐるぐるしてくる状態を避けるような関わり方をお母さんはされようとしていたんじゃないかなあと思います。

東　直接本人さんに聞いたりしなかったんですか？　「今，お母さんこう言ってる

けど，これ本気で言ってんの？」とか，「これ前から知ってた？」とか。

近藤　僕の記憶，ちょっと曖昧なんですけど，本人はうんうんっていう感じで，初めて聞くような感じじゃなかったと思います。

東　なんとなくわかってる感じね。それとこの子は「年末までにバイトしたいんだ」と言いだすわけですけれど，お母さんの反応はどんなふうでした。

近藤　否定はしてなかったですけど「でもそれは今，どうかな，どう思いますか先生？」みたいな感じで。やっぱり不安はかなりあったと思います。

東　お母さんの表出された不安に対して，彼はどんな影響を受けた感じがありましたか？

近藤　「それもわかるけど，でも僕はバイトがしたい」っていう反応があったと思います。

東　するとお母さんはわかったという形になったんですか。

近藤　わかったというよりも，今後のことをちょっと考えていきますということで。「私も考えていきますので，Kさんも一緒に3人で考えていきましょう」って感じでした。今後どうしようかっていうことを情報交換ではないですけど，そういう場を僕は「共同声明」と呼んでいるのですけれども，そんな流れで，多分終わっていたと思います。

東　実際，お母さんが来られたのはこの回だけですね。

近藤　面接室に入って，ここまで話したのはこの回だけです。

東　昼夜逆転の作業リストについては，お母さんはどんなふうに聞いておられましたか。

近藤　「まあ，そんなこと」って言いながら，すごく嬉しそうでした。

東　「ぜひ，お願いしたい」みたいな感じ。

近藤　「でも，そんなことせんでも〜」みたいな感じもあったと思います。

東　それに対しての彼の反応は？

近藤　本人は「いや，これちょっとやってみる」っていう感じです。

東　最後は「それじゃあ，それやろう」って話。

近藤　お母さんは「なんとか見守っていきます」と一応受け入れてくれました。

東　そうですか。次10回目行くわけですかね。

近藤　次の10回目は，まず昼夜逆転作業リストの経過報告でした。本人としても「手応えがすごくあった」「これはどっちに転んでもいい，プラスだ」と。だから「作業リストがもう終わっちゃう」と英単語の勉強をここで持ち出してきたんです。「家事とか洗い物とか終わっちゃった。でも眠れないっていうときに，だったらちょっと英語の勉強してみようかなって単語をやり始めたら眠く

なる」と（笑）。「それでまあ，英検受かったら受かったでそれはいいし，眠く
なるし」と。この作業リストを本人なりにうまく使えていて，ぐるぐるが出な
いというんです。

東　昼夜逆転が直るわけではないけれど，夜ぐるぐるが出ないということですね。

近藤　そういう生活リズムがここでできた感じです。

東　眠れようが眠られまいが。

近藤　そしてお母さんがですね，速攻パス出してきたんです。本人が就職してバ
イトしたいといった状況下で，お母さんが「だったら卒業した通信制高校の先
生に一度相談してみない？」と。そしたら本人も「誰かに相談したいと思って
た」と言って，すぐ卒業校の先生のところに相談に行ったみたいなんです。

東　これ10回目に聞いた話？

近藤　10回目，お母さんが参加した次の回です。3週の間にその動きがもうあっ
て，それで通信の先生は，会ったときにそのまま一緒にハローワークに連れて
ってくださって，そこの担当者から雇用枠の説明をしてもらう予約まで一応取
ってきましたということで，本人もなんかそっちに方向づけされた感じがあり
ました。

東　喜んでる感じ。

近藤　そうです。

東　なるほど。

近藤　本人が「以前はうまくいき続けてないと何かすごく不安だったけど，なん
かうまくいっても，いかなくても少し自分が落ち着いていられる気がします」
ということをこのときに話してました。だから昼夜逆転作業で，そういう流れ
が本人の生活の中にもしかしたら出てきたのかもしれません。バイトじゃなき
ゃだめだっていうことでもなく，お母さんがたまたま提案した繋がりがポンッ
と動いて，その体験についての振り返りだったのか。

東　しかし，お母さんすごいね。

近藤　ちょっとすごすぎるんです。この後ですね，お母さんの参画からどんどん
次が出てくる感じで，冬にかけては動きが盛り上がりすぎてしまう感じが出て
きます。

東　楽しみです。次いきましょう。

近藤　その流れで11回目に入っていくんですが，今度はハローワークにシフト
していきます。ハローワークで一般雇用と障害者雇用の枠の違いの説明を聞い
て，お母さんとKさんで話し合って，職種や賃金が少ない障害者雇用ではなく
て，一般雇用をまず希望したいという話をし，その場で適性検査と職業訓練の

予約を入れ，職場体験もエントリー済ませてきている状態でこの回を迎えています。あとは友だちができたという話がここで出てきました。

東　どこで。

近藤　ペットショップなんですよ。

東　やっぱり。

近藤　ペットショップのイベントで知り合った方と，ネット上で次はこのイベントあったときにまた一緒に行こうとか，友だちというよりも同志という言い方していましたね。同志ができましたという話が出てきました。

東　いいね。

近藤　これで一応秋の部が終わります。

第4期（冬の巻：12〜15回）

東　12回目はどうなるの。

近藤　冬になってくるんですけれども，12回目は職場体験の話で最初に農業の職場体験行ってきましたと。ここでKさんすごくいい状態で昼夜逆転も短期間ですけれど治ってる。頑張って集合時間に遅れないように行けたと。交流する人は引率の方が3名くらいで一緒に参加した方が多分5，6名。小松菜のビニールシートを撤去するかなりの重労働だったみたいですけれど，農家の方ってこんなきつい作業をされているんだということと，自分が思っていたほど参加者との交流ができなかったと話してました。

東　できなかった。

近藤　できなかったんですが，ぐるぐるがそんなに起きなかったそうです。

東　かつてならばぐるぐるの大活躍のシーンや。

近藤　それが本人は嬉しかったみたいで，来談してまずその話が出ました。

東　ぐるぐるが出なかったって，立派なもんや。

近藤　「人と話すことの恐怖はどうだったって言ったら，ほとんどなくなってきている」と。最初は家族と僕以外話してなかったけどここまで人のご縁が広がってきたねという話で，「ちょっとそれを紙に書いて整理してみよう」と，一緒に書いて，この人とこの人，いつ誰というふうに書いていったら，「うわ〜けっこう増えてますね」と，本人もだいぶ頑張ってるというか，すごいですねみたいに自分のことを言ってました。

　それで，年が明けて，13回目が実は私の都合で1回キャンセルして，6週間空いたときがありました。その時，この方，ドクターからお薬なしでやれそうだねということで，11回目のときからお薬を止めていたんです。なので2回分

お薬ない状態で過ごしていた。ところが私が１回休みをいただいて13回目を迎えたときには，投薬再開の状況になっていました。私はその点をお詫びしたんですけれども，本人は全然気にしてませんということで，その場は流れていきました。13回目の最初の話題はきつさもそんなに変わってないということで，あとは神社の清掃ボランティア体験に行ってきたと。

東　神社の清掃ボランティア。

近藤　これもハローワークの仲介です。清掃では交流というほどの交流はなかったけれども，なにかすごく清々しい気分になる感じがあったことや家族との虫の話題，虫のネットワークの話題が中心で終わっていきます。次の14回目が２回目の職場体験で，これがスーパーでの体験でした。

東　スーパー言うても，いろんな仕事がありますけれど。

近藤　これが事前説明会に参加して，店長から「髪切ってこい」とか，「声を大きくしろ」とか，いろいろ注文を受けたみたいで，１回目の職場体験はぐるぐるおさまったけれど，２回目はぐるぐるの大逆襲というか，もう行けないとかものすごい状態になったようです。

東　きついこと言われたんやろうな。

近藤　で，どんな状況かを聞くと「パンコーナーの担当だと店長から最初言われて，実際パンコーナーに行って，商品の陳列の基本的な業務をスタッフの方から教えてもらった」と。その他に，「実際に体験しているときに起こりそうなこともありそう？」と聞いたら，「多分商品の場所がわからないお客さんにその場所を案内する仕事がありそう」だと。「それがやれたらどうかな？」って聞くと，「すごく自分は充実すると思う」と。「それやれそう？」と言うと，「パンコーナーで説明してくださったスタッフの方々は優しくしてくれたので」と。「そこを今回一つ目標にパンの陳列と商品の案内，それがやれたらすごいね。一つでも目標の作業ができたら，なんかすごくない？」みたいな話をして，一応その場を終えています。

　15回目は，「実際に蓋を開けたら，パンコーナーだけじゃなく，お店全体の商品の陳列の作業をやったけれど難なくやれて，店長もぜんぜん怖くなかった。お客さんをけっこう案内できた」と。期間が５日間だったんですが，朝起きて作業ができたということが，すごく本人の自信になった。またこの間，眠れるからぐるぐるもそんなに不安にならない，睡眠が取れることでもうぐるぐるは大丈夫，そういう手ごたえを本人が感じたということが話されています。そして，Ｋさんから，突然「来春から専門学校へ行くことになりました」というお話がされました。お母さんが見つけてこられたようで，Ｋさんもいきなり働く

前に，働く準備のための勉強をするのもありと考え，進学を選択したようでした。以上が冬の部です。

第5期（16〜18回）

近藤　そして，16回目のカウンセリングとなり，春から夏にかけて終結に向かっていきます。Kさんからは，専門学校の入学式にぐるぐるが出そうだけれど，今は寝れているらしく大丈夫だと。17回のときには入学式も何とかクリアして，授業は緊張もなく受けられているし，バイトも始め，「バイト仲間もできて，クラスの友だちとミスタードーナツにも行きました」とか。「いいね，いいね」と報告を受けて終わりました。

　最後の18回目は，彼の生活の様子を聞いて，本人から「カウンセリングでやりたいことはある程度やれた」ということだったので，「じゃあ終結にしようかと，もちろんまたいつでも利用していいし，できれば冬休みとか区切りのいいところで経過を教えてもらえるとありがたいな」と本人に提案し，終結となりました。

東　なるほど，すばらしい。何かここまでの時点でまとめて言っておきたいこととか，お聞きになりたいことなどはございますか。

近藤　2回目にKさんが勉強のことでアドバイスを求めた際に，僕がそのままアドバイスに応じた後「本人がもうこんなカウンセリングは必要ない！」となった過程について，これはやっぱり大事だったかなとか，こういう工夫があった方がよかったかなとかいうのがあれば，教えていただけたらと思うんですが。

東　いやいや，もう今おっしゃった通りでね，勉強のことに関する関わりね，この辺り確かにちょっとまずかったかもしれんけど，その後出てきたことをうまく使った，もうここに尽きると思うね。ここで展開をきちんと作っていったというのは先生のある種，センスやろうね。そうとしか思えない。それとケース全体を通して見ると，やっぱりお母さんの活躍っていうのは，会われた回数は1回だけれども，なんか非常に強いものを感じますね。語られてはいないけども，おじさんたちが動いてくれたのも背景にお母さんの動きがあったような気がするしね。

近藤　はい，通信制高校の先生やハローワークにも。

東　ここ一番でちょっとプッシュしてもらう。こんな形でこの子は小っちゃいときからお母さんの助けを得てずっとやってきたんやろうけども，ここでも本当に良い展開になってるという気がしましたね。あと全体の中で特に後半ですね，何かこの子から話が出てきたかどうかわかりませんが，「お母さんがどんなふう

になってるか」「お母さんに何か言われたか」とか，「お母さんに対する思いがどうか」とか，その辺はちょっと聞いてみたいなという気持ちは正直あるけどね。聞かん方がええのかもしれないけど。

　僕はすぐあれこれ聞きたくなるという，いやらしい性格でね，あなたがスーパーバイズしてもらった児島達美さんに，しょっちゅう叱られてたのよ。「身も蓋もない，そんなことは秘すれば花や」と。「こんなことがあったんやないかと思いながら，そっと蓋しておくのがええのに東はすぐ蓋を開ける」と言うてね，児島達美さんがようぼやいていたけど。だからそういう意味ではここもね，いろんなことの余韻を含ませながら，終わっていった方がいいのかなという気もしました。

▌振り返り

司会　時間の都合もあるので，私と近藤先生との振り返りは少し短めにして，東先生を交えての話をちょっとボリュームを多めに取りたいなというふうに考えてます。いきなりですけれども，終わった直後の率直な感想はどんな感じでしょうか？

近藤　いやあ〜短いというか。そんな感じでした。

司会　私たちも見てて短く感じました。

近藤　もっとお母さんの動きとか，その家族とのやりとりっていうところの話を東先生に聞きたかったですね。

司会　確かにですね。9回目のお母さんが同室されたときの，東先生の突っ込み具合は勢いがありましたからね。後で時間があるかもしれませんので，それを聞いてもいいかもしれません。他には何か印象に残っていること，感想などありますか。

近藤　やっぱり2回目の勉強のやりとりのところ，そこのリカバリーの問題は残っています。点じゃなく繋がりで面接を見られているというところです。今回のように自分で検討する側の時はやれているように思えても，いざ自分が再び実践する側となるとべつものになるのではないかという，つかめているようでつかめていない感じです。

司会　なるほどですね。話の中で，クライエントがドクターにこの面接をしても意味がないと言われたことを気にされていたような印象を私は持ちましたけど。この勉強の話っていうのはちょっと絡んでいたのかな。

近藤　そうですね。

司会　東先生だったらその勉強の話出たときに,「何で勉強したいんだ」っていうようなことを丁寧に聞かれるっておっしゃってて,なるほどと思いました。

近藤　実際に英検2級に受かった話をしたときに,彼がすごく暗い表情で話し始めたから,その辺の読み取りと繋ぎはバランスが良くなかったですね。

司会　素直に聞いたら,英検2級って高校3年生でも相当難しいというか,普通に受からないぐらいの語彙力というか英語力かと思いますんで,相当すごいなと思いますけど,本人は暗い表情をされたわけですね。

　　つまりこのあたりのことを東先生とお話しされていく中で,起きていたことがよりはっきり理解できたということですか。

近藤　「フライングをまったく無くしてしまうことよりも,してしまったフライングをどう対応,リカバリーするかっていうことが大切」だということを再認識しました。

司会　私たちってフライングというか「失敗しないように失敗しないように」って思うんですけれども「失敗した後のそのリカバーの仕方が大切」というのは聞いてて,すごい発見でしたね。実際,近藤先生,ご自身はどんなふうに受け止められましたか。

近藤　僕の中ですごく繰り返されているテーマというか,言われてわかった,じゃ次からできるかというとそうじゃない。常に自分の中で大事なポイントとしてこれからも繰り返されていく感じがします。

司会　ありがとうございます。今のお話のように印象に残ってるところ,他にはどうでしょう。

近藤　私,反省モードでスタートしたと思うんですが,東先生の声の感じ,口調が活発なので,そのやりとりに身を任せていると「反省どころじゃない,そんなことやってる暇ない」という気持ちになりました。

司会　確かに不思議ですね,出だしの頃は確かに反省モードだった印象を私も見てて受けてたんですけど,後半は気づいたら,そうじゃなかった。どのあたりから変わってきたんでしょう。

近藤　やっぱり春の英語の勉強のやりとりが終わったあのあたりのセッションから,ぐっときてる感じがします。

司会　そうですね,私も思い出しながら聞いていたんですけど,夏の話になったときには,確かにもう反省モードという感じではない。ケース自体も夏から虫にいざなわれてといいますか,虫捕りに行くところからすごく展開していきますけれども,この今回のセッション自体を振り返っても,やっぱりその夏のお話になったぐらいのときにはたしかに近藤先生も反省モードじゃない感じにな

ってたかな。

近藤　もしかするとクリニックなので治療に関わるお話っていうのが多分，主要なラインだと思うんですよね。一見，虫の話とかっていうのは主要なラインとはちょっと違う話なんですけど，ただそこの話がカウンセリングの時間の中で割とけっこうお互いにのびのびと話せてる時間でもあったし，またご家族っていう点で言えば，多分お母さんやお父さん，ご親族とかすごく動き出してるのが見えたので，あの時間の話っていうのはお互いに話し甲斐がありました。それがもしかしたら治療的な主要な対応の仕方とはまた違う，なんというかより治療的に働いたのかもしれないなって。

司会　黒沢先生との違いはあとでお聞きするとして，前回もその辺りからお話がすごくイメージが効いていたように思います。少ししつこいようですが，ご自身の反省モードみたいなのが変わったのは，夏のお話になるぐらいだった。

近藤　春から夏にかけての流れでしょうね。ここがターニングポイントだったよと東先生からご指摘を受けて，それを契機にしてるんじゃないかと思います。

司会　まさにお勉強の話をうまくリカバーできましたよねっていうところぐらいから，反省モードじゃなくなっている。

近藤　そうですね，多分あのあたりから。

司会　あともう二つだけ聞かせてください。一つは，東先生とのセッションを受け終わって何か変わったことはありますか。

近藤　変わったというよりも，家族との繋がりやそこに登場されている方のストーリーを検討するところが大事なんだなって。大事だとは思ってきてるんですけれど，もうちょっと面接の中で生かせたらいいなと感じました。

司会　家族のお話についてはちょっと余韻を残しながら終結すると東先生はおっしゃってたような気がしますが，そのあたりを東先生だったらどんなふうに対応されていたのかは聞いてみたいですね。

　　二つ目は，今回たまたま黒沢先生の方が先だったという順番的なことがあるんですけれど，前回黒沢先生のセッションと今日，東先生のを受けていただいて，どんなところに違いがあったとか，あるいはどこが共通してたとか，そういったところのお話をお聞かせいただけますか。

近藤　今回の検討のニーズを自分の中で初回（初期）のところに抱いていて，両先生からそれぞれお答えしていただきました。黒沢先生からは，カウンセリングは開始前からもう始まっているよねという視点で，初回面接での確認ポイント（母親同席の状況確認，通院方法，なぜ今カウンセリングなのか，ディテール，証拠を出すなど）をすっとご指摘していただけた気がします。

　　東先生からは，失敗をリカバリーできるコンディションを保ち続けることが
大事やぞ，相互作用をもっと確認せぇと，繰り返し方向づけされたような気が
します。

司会　ありがとうございます。そうですね，なんかどちらの先生もすごく近藤先
生のニーズっていうのをとても丁寧に拾い上げて，それに答えるっていうこと
をやっておられたような感じがします。その答え方っていうところでは，あの
黒沢先生と東先生で少しやり方とか意見が違うところもあったのかな，でもそ
れがそれぞれ近藤先生にとって染み入るところがあったというふうに聞かせて
いただきました。これからは東先生も交えてインタビューできたらと思ってい
ます。では東先生ご登場いただけますでしょうか。

▎クライエントから学ぶ

東　はい，どうも，どうも。

司会　まずは東先生に，近藤先生と私の今のやり取りを聞いていただいて，何か
コメントや聞いてみたいことありますでしょうか。

東　一番関心があったことは「先週黒沢さんからバイズを受けてどんな影響を受
けたか」，実はそこを一番聞きたかったの，私は二番バッターだから。でもヘタ
したら 90 分，そのことばかり聞きそうやから辛抱したの（笑）。

　　K さんのケースの経験もあるけど，今の近藤先生には 1 週間前に受けた黒沢
先生のバイズが血肉になってるわけで，そしてそのことが今一番新鮮でホット
な話題だから，それに関連した話が出てこないとおかしいでしょうというのが
私の中にずっとある。参加者の中にも，その辺りをわかっている人は「なんで
黒沢さんのこともっと話題にせんかったんや」という人もいるんやないかな。
ただ今回のような企画の場合，多くの人は黒沢さんと東の違いを楽しみたいと
いう気持ちがあったと思うので，あんまり黒沢さんの SV から受けた良い影響
に関して長々とやりとりしても仕方ないだろうと考え，あえてそこをスルーし
ました。

司会　ありがとうございます。企画の趣旨を東先生非常に上手く汲んでくださっ
たというふうに理解しております。

東　今度は一番バッターで頼むで！

司会　そうですね。今回のこの「事例検討会」のテーマに「臨床力アップ」とい
う一つのキーワードがありまして，いきなり漠然とした質問で申し訳ないんで
すけど，東先生なりに臨床力がアップしていくためにどんなことが必要だとお

考えになっているのかをお聞きしたいです。

東　それはもういろんなことがありますけれど，特に今日のケースに関連して話を進めていきますとね，どれだけ早期に仮説というか，「妄想」をね，セラピストがテキパキと湧かせられるかがすごく大事だと思います。

　　例えば始まってすぐの段階の私の妄想を言いますとね，「このお母ちゃんがやり手」ということ。これをまず一番に妄想したね。なぜかというと，このお母さんは付いてきているだけ。本人がカウンセリングに行きたいと言うから付いてきた。でもでしゃばってはいない。一般的に見られるのが，お母さんが前面に出てきて「先生，息子をどうしたらいいでしょうか，息子にどんなふうに対応したらいいでしょうか」なんて訴える場面。もちろんそれが悪いというのではなくて，ごく普通のこと。ところがこのお母さん，本人が行きたいと言うから連れてきたけど，待合室で待っている。ここですよ。ここで「この人は使える」って思ったのが私の第一妄想。これがこのケースの見立ての柱として私の中に出来上がったの。だからずっとお母さんのことが気になる。

司会　そういうことなんですね。

東　それが全てかも（笑）。実際聞いてみると，父ちゃんと虫捕り行かせたのも，裏でお母さんがちゃんと動いてる。実家やおじさんを使ってるのも，間違いなくこのお母さんやと思う。ここ一番でクライエントにも，「あれをしなさい，これをしなさい」と，こそっと働きかけている。ああ素晴らしい，なんとかこのお母さんを使いたい！　というのが私の発想やね。

　　近藤先生のやり方を否定するとかそういうことではなくて，あくまで私ならっちゅうことやけど，それはもう初回からお母さんを面接に呼びまくります。とにかくお母さんと仲良くなる。そしてお母さんがこの子のためにもっともっと伸び伸びと活躍できる，そんな状況を作る。つまり，お母さんからのお知恵拝借を中心にして面接を組み立てる。

　　偉そうに言うようですが，近藤先生が9回目に思われたことを，間違いなく初回に思ってる。だってこのお母さん，絶対使えるもの。これが私の第一妄想。ほぼ確信に近い妄想ですね。案の定，最後までこのお母さんはこの子を上手に助ける。

　　ケースの見立てというのはね，本当の初期の初期の段階で，下手したらもう最初の5秒，もっと言えば実際に会わなくても，事前情報から面接に来たプロセスがわかっただけでできる。このことはさっきの黒沢さんの話と一緒やな。黒沢さんは面接までのプロセスを意識させたけど，多分同じことじゃないかと思う。そこのところの展開を聞くと，会わなくてもわかるんですよ。もちろん

会ったらますますわかる。最初の1分から3分，どんなに長くても10分でしっかり妄想できる。この力が必要だと思います。

　ただし大事なことは，外れることがある。盲信はいけない。大外しすることありますよってこと。でもそれはまたすぐに修正する。それが「勉強」に対する失敗のとこやね。失敗なんかつきものやから，そんなときは変なことを妄想してしまったことを反省しつつ（笑），すぐに捨てて，次の何かを探す。自分の中で当たりが出るまで探す。セラピーって，そういうことの繰り返しじゃないかなと思っているんですよ。早ければ早いほどええと思うね。1回の面接どころか2回目終わってもまだ仮説が湧いてなかったり，今日はインテーク3回目ですって，そんな情けないことになってる人が時々おりますけど，それは少なくともブリーフの精神から言うと大変残念なことです。ブリーフって，セラピーの期間とかではなくて仮説設定能力の速さやね。

司会　なるだけ早いうちに妄想というか仮説を立てるっていうことがやはり大事。

東　はい。ほんと，あくまで妄想ですけどね。でも今日の場合は確信に近い。絶対そうやと思ったもん（笑）。

司会　「待合室でお母さんが待っていて面接室に乗り込んで来ないで待っている」っていうことだけで，そこで仮説が立てられる。

東　立派なお母ちゃんや（笑）。

司会　近藤先生この辺りのところ，事例提供者として東先生に聞いてみたかったところなんじゃないかと思いますけど，今だから聞ける質問とかあればぜひ。

近藤　今のところは本当に核心ですね。大事なのは，今回のSVではその面接の1回目というよりも，もう始まっているっていうところをどうつないでいくのかに尽きるのかなと。

司会　ちなみにさっきのお話お伺いして素朴な疑問なんですけど，このケースの場合，できるだけ早くこのお母さんがやり手だという仮説を立てる。

東　やり手と言うとことば悪いかもしれんから言い換えると，なんか腹の座った自信のようなもんを持ってるんやろね。

司会　ただなかには，それこそ面接室に乗り込んできて，ああだこうだやって本人が萎縮してみたいな感じで「このお母さん使えないな」とかっていう仮説ってあり得るんですか。

東　ないない。違うの。それは使えないとか，駄目だっていうんじゃないの。もしもそうならば，自信を失ってる，あるいは動転しておられるお母さんを，手当てするの。ことば悪いけど，お母さんを使えるようにするの。そのためにお

母さんをちょっとアップする手続きっていうのが，私にとってはけっこう大事なことなります，そのような場合は。

　ただこのお母さんに関しては，その必要がないわけ。それだけの違いだと考えてもらうといいです。どっちのタイプのお母さんが良いとか悪いとかね，そういうこととはちょっと違う。お母ちゃんはみんなええんです。どんなお母ちゃんでも（笑）。

司会　そういうお母さんでも，手助けしながら，お母さんのパワーをアップさせる，していただくと。

東　このような会に参加してる人の中には「そういう親は鬱陶しい，けしからん悪い親だ」などと思ってるアレな人はいないと思うけど，一般的にセラピスト側の親に対する受け止め方は大事やね。このお母ちゃん，仕事してはるんですか。仕事してないでしょう。

近藤　おそらくしてないです。

東　お父さんは夜勤で頑張ってるよね。その辺りもお母さんいろいろ大変なはず。でもうまいことやってる。しかもお父さんはお母さんに言われて虫捕りに行ったんやろ？これはお父さんがお母さんを頼ってる，お母さんを信用してる証拠やね。お母さんはしっかり仕切れる能力がある。お父さんにいろんなことをやらせる力を持ってる。実家の祖父母に対してもそうや。「うちの息子はこうこうこうでこんなことを気にするから，過去のこと聞かんといてや〜」なんて言ったりして。

　「お父ちゃん忙しくて虫捕りしょっちゅう行かれんから，あんた今度行ったって」って，おじさんにも言ってる。そういうところも仕切りの上手い人やと思うし，また，それを周りの人たちがちゃんと聞いてくれてる。つまり，このお母さんはかなり信頼されてる。間違いないと思うね。

司会　最初のかなり早い段階で東先生が妄想というか，立てた仮説はこのケースはやはりそんなに修正する必要なく割とピタピタといったという感じですか。

東　うん，いったね。こういうケースで失敗する人が時々出るのは，もちろんブリーフの学会にはほとんどおらんと思うけどね，「お母さんを使おう」という発想でお母さん呼んでくるまではいいけどさ，お母さんに対して専門家風のアドバイスしたがるセラピストがおるんよ。「ああしなさい」「こうしなさい」って。これはもう最悪やと思う。お母さんに任しておけばいい。だからそういう意味では9回目に近藤さんがされたことは素敵なことやったなと思うね。いらんお節介をせずに，いらん専門家的なアドバイスせずに，とりあえずお母さんの気持ちを聞きながら，「こんなふうにやっていきましょうか」「こんなんがえ

えですか」とお母さん中心に進めていた感じを受けたんです。上手やったなと思う。

司会　そうか，呼んでおいてお母さんについついアドバイスしてしまう。

東　わざわざ呼びつけて下手なアドバイスするんは最悪手やね。逆に教えてもらわないと。もしもセラピストにやることがあるとしたら，それはお母さんが歩きやすいように道をちょっと掃除させてもらう程度のこと。「お母さんが進もうとしておられる道，すみませ〜ん，ちょっと箒で掃かしてもらいます〜」って，カーリングみたいなもんやね。お母さんがス〜ッと行けるために，こっちはチャッチャカ掃除するの。

司会　東先生がカーリングしている姿を思い浮かべたら，次に何を聞きたいのかが浮かばなくなりました。近藤先生いかがですか？

近藤　そうですね，黒沢先生と確認したところなんですけど，セラピストの臆病さについて，東先生はどういう視点で捉えられているかお伺いしてもいいですか。

東　もうちょっと詳しく教えて。臆病さっていうのはどんな意味合いで使っていらっしゃいます？

近藤　初回面接の検討のとき，クライエントさんとのコミュニケーションのリズムみたいなものの調整が難しくて，私はどっちかというといろいろ聞き出すというよりも，できれば安心できる時間を過ごしてもらいたいと思っていて，そのやりとりの難しさや自分の感覚の偏りみたいなのを臆病さっていうふうに表現したのかもしれません。

東　その臆病さは何か必要なことのような気がする。だってこの子は，最初は反応時間がちょっとかかる子やったんでしょ？ペース合わんとことばがかぶったりして大変やったとおっしゃっていた。だからこそ，ちょっとゆっくり動いたわけでしょ？

近藤　力みながらですが。

東　それは力んでいたかもしれんけれど，まあ，この子のペースに合わせようと意識したら力むよね。そこをちょっと意識的にやったわけでしょ？そこは大事なところだし，そういう意味ではセラピスト全員総臆病人でええんじゃないかな。

　世間では仲が悪いと誤解されている（笑），私の大好きな吉川悟は「セラピストはいつも石橋を叩いて壊せ」みたいに言う。壊れたぐらいがましやと。とにかく石橋を叩いて叩いて叩きまくって，ほんまに大丈夫かいうぐらいのとこで渡れと。「叩いて叩いて壊れたら，この橋は渡らんで良かったということやか

ら，石橋を叩いて壊せ」って，あいつはいつも言うんやけど，これは正論だと思う。これはセラピストにとって大事な資質とちゃいますか。だからそれでええと思う。

司会　むしろ臆病さが必要だっていうぐらいの。

東　うん。

司会　次は私の方から聞きたいことがあります。近藤先生と私の話の中で，近藤先生ご自身セラピストとして反省モードになりやすいけれども，今回の東先生とのセッションの中で何か気付いたら，どうも夏の虫の話のとこぐらいから，そういう反省モードじゃなくなっていたそうです。今回，近藤先生と関わるというところで，東先生が心がけておられたこととか，気をつけておられたことってあるんでしょうか？

東　何もない。いつもやってる通り。初対面だしね。これがもし近藤先生に嫌われたら私が大学をクビになるかもしれんとかなら，おべんちゃらしてしまうかもね（笑）。でもそんな必要もないし，気楽なもんで，もう言いたいこと言わせてもらった。だから，最初に言いたいこと言わせてもらうよって確認したやろ？

　　ただ，そんなふうに近藤先生が感じとってくれたとしたら，それはこのケースが見事やからよ。本当に上手に上手に運んでるし，こんな良いケース聴かせてもらったら，もう反省もへったくれもないよ。「よかった〜」ってそんな気持ちが膨らむね，クライエントに対してもお母さんに対しても，そして近藤先生に対しても，ね。春の巻，夏の巻，秋の巻，冬の巻って「なんかできすぎのタイトルやな〜」って思うくらい（笑）。3人のナイスな物語を語ってくれたわけやんか。心温かくなるし，嬉しくなるやん。東をこんだけええ気持ちにさせといて，そのときに近藤先生が反省モードに入ってたらおかしいやろ？だから反省だとか後悔だとか，そういう感情は近藤先生の中から消えて当たり前。もちろん消えたのは東の反応を見たからやろうけど，その東の反応を引き起こしたのは近藤先生であり，近藤先生のケースであり，お母さんであり，このクライエントさんであるわけよ。全部相互作用や。

司会　ありがとうございました。なんか染み入ってきた感じがします。

東　ほんまかいな（笑）。

司会　もうひとつ僕の質問をしたら，フロアの方からいろいろ聞いてみる時間をつくりたいと思います。ケースの話に戻りますが，お母さんを呼んだ回で，東先生はお母さんからその子がどんな影響を受けていたのかをかなり丁寧に確認されていたのは，東先生だったら違う関わり方をされたのかなと感じたのです

が。

東　確かに相互作用を聞いていきましたが，なぜ聞いたかというと，これは失礼な話かもしれませんが，近藤先生がそこに注目しているように思えなかったから。だって近藤先生は相互作用を語らなかったもん。もちろん「そこが一番大事やで〜」っていうのではありませんよ。「そこも見ときや〜」っていうこと。だから，その質問をしたの。「お母ちゃんどんな顔やった？そのときの息子はどうだった？」ということを，近藤先生に質問することによって近藤先生が「どうやったかな」と意識して思い出そうとする。その繰り返しで，「そういうことも大事なんだ」という意識が近藤先生の中に出来上がっていくやん。すると，それが次の面接で生きてくるわけよ。次のケースなんかで。だから「面接室での家族の相互作用が大事」だなどと講義するんじゃなくて，具体的にそこをしつこく質問するわけですよ。

　私が教えてる大学院生で，母子合同面接なのに，「お母さんがこう言いました，ああ言いました」としか言わない大学院生に対しては，しつこく「そのとき子どもはどんな顔してた？」「目開いておったか？」「鼻で呼吸しておったか？」「口で呼吸しておったか？」などと，めっちゃ細かいことをわざと聞く。それくらい，そこを意識することが大事ということを伝えたいんですよ。でもこのケースで，実際のところその相互作用にどんな意味があるのかとか言われたら，わからん（笑）。そんなことどうでもいいねん。とりあえずケースを聞いたスーパーバイザーとしての私が今，近藤先生にその質問をし，それに対して彼が考えて答えるという相互作用が起きることが大事なんです。これが種明かしです。

司会　なるほど。細かく聞いておられたのが印象に残っていたので，その理由がわかりました。近藤先生自身も一番，あれ東先生，ここやたら細かく聞かれるなと思ったんじゃないですかね。

近藤　この場を振りかえると一番そこが長かったです。僕が語れていないところが今の指摘で現れていて，自分の中で的を得たところだと思います。

東　ただ勘違いしていただきたくないのは，このケースでそれこそが重要と言ってることではないんです。そうは受け取らないでね。そこを見逃した近藤先生はけしからんとか，そんなことは言ってない。でもあえて聞いたんです。今後，近藤先生がそういうところにもちょっと意識を向けることができるようになると，面接中の近藤先生の技の持ち駒が増えるの。それを期待したの。それだけのこと。

司会　ありがとうございました。ではフロアからの質問を20分間ほど受け付け

たいと思います。貴重な機会ですのでフロアの方，どなたかご感想なり，ご意見なり，ご質問をいただけるとありがたいです。いかがでしょうか。

▌質問時間

Q1（児島達美先生）　近藤さんに聞いてみようかなと思ったのは，東先生も司会の久持先生も言われたことですけれど，最初に先週黒沢さんとのやりとりで近藤さん自身のケースの捉え方が動いたと思うんです。今日は東先生のを受けて影響ありましたか？　全く初めてとはいえ，近藤さんなりに東先生ってこんな人だろうってあって，プレゼンするのにか何か影響ありました？　正直に言っていいよ（笑）。

近藤　5年くらい前，お酒の席だったと思うんですけれど，吉川先生と会ったときに，唯一自分が認める人だとおっしゃっていたので。

東　そこ，大きい声で言うてや！（笑）。

近藤　お会いするまでは，形容できないほど場数を踏まれて，いろんなケースを経験されている先生だなと思っていたので，その先生が，今回僕の中にあった初期の面接をどういうふうに見てくださるのかすごく関心がありました。黒沢先生の初回の見方と今回の東先生から指摘された場面というのがダブルコンボ。1回目の面接に対する私の見方に，考えるポイントを確実に打ち込まれたなあと黒沢先生と東先生とのSVを通じて感じています。

児島　齟齬はないですか。

近藤　齟齬ですか。

児島　黒沢先生とのスーパービジョンの経験自体が，今日の東先生との最初のやりとりの最初の構えから，なんか影響していたか。例えばプレゼン，ケースをしゃべりだす辺りからか，その前からかもしれないけれど。

近藤　そうですね，初回のことば違ったかな〜。ポイントを合わせるというよりも，例えば今日，反省モードという話が出ましたけれど，黒沢先生とのセッションは僕の受け止め方だとSVの検討点というよりは，黒沢先生の声とか会話によってだんだん私自身が反省モードから離れていくような状況になっていった。東先生のときは最初気配を感じないで自分だけが話している感じ。マイクをミュートにされていたと後で伺って気づきました。そこがどう違ったのか。反省モードの話を久持先生がしてくださったので，後で夏のセッションごろからと気づいたのですが，反省モードからシフトする話の乗り方の違いは，両先生の違いとしてもあったのかもしれませんね。

児島　なんと言ったらいいかな，スーパービジョン受けるときは複数で受けた方がいいと僕は思ってる。けれど，それを実行することはあまりないと思うので，今回，近藤さんは受けてみてどう思われた？　バイズから直接聞けることないから，勉強のために伺ってみました。

近藤　違いとしては，さっきのお母さんとのやりとの視点の指摘は，何かある特定の指導理論とか概念があってそれを説明してるという表現でなく，東先生とのなんていうのか，何かバラバラなものをやりとりしていく中で，こういう感じじゃないっていうところがあった。黒沢先生とのときは，治療的ダブルバインドとか，私のやりとりに対してそっとこう，こういうことに近いかもしれないねという対比が私の中では起こっていたように思います。その違いは，今質問されて出てきたところで，それがどう影響してくるかっていうのは，これからなんだと思います。

児島　ま〜贅沢な話よね，近藤さん。

近藤　これはありえないですね。

児島　リモートの形であれ，久しぶりに東先生のスーパービジョン受けて懐かしいです。かつて 30 数年前に僕は東先生のスーパービジョンを受けたけれど全然変わらんね。もちろんそのときの一つ一つが僕の糧になっている。ほんとあの時のまんま，基本の基は変わらない。ガラッと変わっていたらどうしようかなってドキドキしながら聞いてました（笑）。どうもありがとうございました。

司会　児島先生，ありがとうございました。他の方のご質問を受けたいと思いますので，いかがでしょうか。

Q2　近藤先生に質問ですけれど，初回で，この方がウシガエルを捕まえに行ったっていうお話を詳しく聞かれたっていうことでしたけれども，そのとき近藤先生がその話に食いついて行かれたっていうのは，何か理由というか，何か惹かれるものがあったのでしょうか。

近藤　多分 K さんの話し方が変わったんだと思います。そのとき僕自身は本当知りたいって思ったんです。ただ初回だったので，私の方が力んでいたんですが，多分それが溶けるぐらいご本人が話してくる感じがあったということが最初ですね。そうはいっても最初はなかなかことばが出てこなかったので，「川の匂い」とか「風」とか，そういういろいろな状況を僕が天井を見ながらイメージするように話したんですけど，急にこう話しやすい流れになってきた。僕もそれに合わせて聞いていった感じです。実際に話を聞きながら本当に僕も「すごい，すごいな」っていうふうに思った場面でした。良かったでしょうか。

司会　ありがとうございます。すごい素敵なエピソードで，クライエントさんに
関することや特徴みたいなのがそのエピソードにすごく詰まっているように感
じたし，多分そのクライエントさんも初めてそういう話を人にしたと思うんで
す。だからもうクライエントさんの中でも，何かイメージが沸いたりだとか，
良い効果があったんじゃないかなと想像しました。東先生のご意見をちょっと
お伺いしてみたいなと思います。

東　おっしゃる通りです。とっても素敵なところをご指摘いただいたと思います。
近藤先生がクライエントさんの波長にうまく合わせていかれたのですね。

Q2　ありがとうございました。

Q3　いいでしょうか。今の質問にも重なるんですけど，近藤先生にお聞きしたい
のが，その散歩もそもそもお母さんが連れ出してくれたというお話でした。近
藤先生はお母さんに会う前の時点で母親との距離が近いという情報をすでに受
けていて，そこで過去の SV で指摘されたフライングを思い出したということ
でした。今その情報を近藤先生がもらって面接に入るとされたら，なんかフラ
イングの仕方は変わりそうですか？

近藤　そうですね。忙しい流れのときでも，事前情報に合わせすぎてクライエン
トに先走ってフライングをしないようにと意識してきたと思うんですけれど。
今後，確実にそこの見方は，クライエントだけではなくて，その人が関わって
いる特に近い関係にある人たち（家族等）とのやりとりでも，貴重な一瞬が
待合室とかの場でも見えたり何か聞けるかもしれない。カウンセリング（セラ
ピー）において今回学んだ視点（カウンセリングは開始前からはじまっている，
仮説・妄想の生成，相互作用の確認，失敗のリカバリー）を，初期の面接の流
れの中で抱きながら臨んでいくんだろうなって思っています。

Q3　東先生にもお伺いしたいんですけど，母親との距離が近いとか母子密着って
いうことばも出てきましたけれど，そういうのを聞いたときって構えちゃうと
いうか，問題視する表現として出てくる場合が多いかなと思うんです。東先生
はあんまりそういうふうな捉え方をされてないような感じがしたんですけど，
いかがでしょう。

東　基本的にそんなふうにとらえても意味ないですしね。だから例えば今のフラ
イングということばで言うとね，僕もフライングしまくりですよ。だって，そ
のお母さんのことを良いお母さんってわかったっていうのも超フライングです
やん（笑）。でもそのフライング，私の場合は基本的に全部ポジティブな捉え方
するの。本当はポジティブ，ネガティブって好きな分類の仕方じゃないんやけ

どね。「こうこうこんな感じの良い人なんやろうな」と，そこでパパッとポジティブにフライングしちゃうというのが私の場合は多い。私生活でもそう。それでいつも家内に「あんたは人に騙されやすいタイプや」と怒られるんですけど（笑）。でも仕方ない。これはもう大好きなフライングなの。

　ところがやっぱり今おっしゃったように母子密着というようなことばを使用すると，「この家族，あるいはこのお母さんは難しい人じゃないか」ってなってくる。これはもうやばいフライング。このように大事なのはフライングの質の問題だと思います。例えば誰か検査した人が「母子密着が強い」などということばを使っていても，「ということはこのお母さんが使える」と，こっちで翻訳すればいいわけでしょ。とにかく翻訳して，セラピストとしての自分の気持ちが良くなるように物語を作り変えて，それからその人たちに会うのですよ。これけっこう大事だと思うな。この家族はどんな問題の家族やろうか，どんな具合に母子密着なんやろうか，ちょっと探ってやろうなんて気持ちで会うとろくなことにならんですね。本当にそう思いますよ。

Q3　ありがとうございました。

Q4　東先生にお伺いしたいのは，お母さんがやりやすいように道を整えるカーリングの話。これだ！ってすごく思いました。だからこれについてその辺がうまくない人間に説明していただけると大変嬉しいです。

東　カーリングってさっき言いましたが，日頃からそんなことを考えているわけではないですよ。さっき突然思いついたことばですよ。

Q4　ピッタリだなと思って。私，自分にも子どもがいるので，ついのめり込んじゃう感じというか，お節介に入り込みそうになる自分との格闘なんです。なのでこのカーリングの肝といいますか，その道の整え方のコツをちょっと教えていただけると大変ありがたいです。

東　嬉しいことを言ってくださいますけどね，道整えるコツもなんもない。例えば，今もまさにおっしゃったように，「私はお節介タイプなんです」って言ってしまえるところ。つまり自分の癖に気がついていること。これが一番大事なんだろうと思います。反対に「私はセラピストとしてお母さんにいいアドバイスができる」とかね，「世の最近の母親というのは本当に……」とか，そんなことを日頃から言ってるセラピストにとってはなかなかカーリングは難しい。あなたのように，「私，ついお節介言っちゃうんですよね」と気づいている人は，ほっといてもいずれ上手にシャカシャカできるようになる。カーリングの掃き手になれる。だから，私がここで偉そうな顔で「こうしなはれ」などと言った

ら，それこそお節介やね（笑）。

Q5　近藤先生にお聞きしたいことが一つありまして，黒沢先生や東先生とお話を長い時間されて，その後，木場先生とか久持先生と少しお話をして，そして3人でまたセッションという形に戻りましたけれど，木場先生や久持先生と話す時間っていうのは，どういった効果がありましたか？

　　あと一つは東先生に質問です。近藤先生の事例検討とかSVを見てるだけですけれども，私もなんかすごく元気をもらったというか，なんかこう「明日からまた頑張ろう」っていうふうに素直に思えた自分が今います。先生がSVをする上で大切にしていることを簡潔に教えていただけますか。

近藤　おそらくこのセッション内ですべての中からポイントを整理するには私自身処理が追いつかず難しいと思っていました。ただ，ここはすごくポイントとか，これどういうことなんですかってことを木場先生や久持先生から確認されることによって，私もそのポイントに沿って考えを整理することができたのでとても助けられた気がします。

Q5　ありがとうございます。

東　私に対する質問にもお答えしますね。P循環って知ってる人，多いと思います。今回一般書でP循環の本を書いていて，この夏ぐらいに出版できる予定です。そこにも書くつもりですけど，何ちゅうかな，たまたま状況が今はバイズという状況で，役割としたらスーパーバイザーとスーパーバイジーだけど，カウンセリング状況におけるセラピストとクライエントも一緒ですよね。SVもカウンセリングも結局一緒。私がやってることはほぼ一緒です。だからバイズ中に，自分の知ってる臨床心理学の知識を教えてやろうという気が全くない。近藤先生の話を聞きながら適当なことを言ってるだけかも（笑）。

　　でも，その背景に何があるかいうと，みなさん笑うかもしれんけど，それはやっぱりP（ポジティブ）の気を相手に届けるちゅう意識。これはものすごく強く持ってる。これは圧倒的に強いと自分でも思ってる。さすがに手かざしまではしませんけど（笑），でも全身からそういう磁気を送るの。なんかすごい怪しい話やね（笑）。私のことばで言うP気を，いちいち意識はしてないけど，ずっと継続的に相手さんに送りつづけるの。そういう背景があって，バイジーであれクライエントであれ，相手さんと関わらせてもらう，喋らせてもらう。学生とのやりとりであれ，自分の家族や職場の同僚とのやりとりであれ，もちろんケースであれ，全部一緒やね。吉川との会話もそうですよ（笑）。それがやっぱりベースやね。

　でもよくよく SV を振り返ってみると, 内容的には「東, なんもたいしたこと言ってない」ってことになる。それこそ「黒沢さんはいろいろ専門用語を使って教えてくれた」のにって（笑）。東の SV を後で活字だけで見ると, ただ「ヘー」とか「ほー」とか言ってばかりで, 最後には「それでよろしい」って。そんなこと言ってるだけやないか。アホちゃうかって（笑）。まあ, アホです。でも行間というか, 全体の空気感というか, そこに P 気をずっとキープして, 相手さんと共有していくことが一番大事だと思ってるの。それが私の臨床に限らず, バイズに限らず, 教育に限らず, 私生活に限らず, 一番の基本にしていること。多分その反映として, あなたも「私もなんかすごく元気をもらった」なんてことを感じてくださったのだとしたら, これは実にありがたいことです。

Q5　ありがとうございます。

司会　ありがとうございました。まさに東先生が最後におっしゃった, この P 波というのか, P 気っていうんですかね, これはもう対面じゃなくてもオンラインでも相手に届くんだっていうようなことを, 送られた近藤先生だけじゃなくて, 参加している周りの者にも P っていうのは届くんだなということを, 本当に実感させていただきました。あとはこれを活字にしたときに, 読み手の方にまで浸透できればいいのかなと。

東　できるできる（笑）。でも, P 気が届くのは相手さん次第というのもあるけどね。相手さんがネガティブの塊である場合もあるからね。例えば「ブリーフセラピー, あんなもんあかん」って腹立ててる専門家も中にはいるかもしれない（笑）。「P 循環?　それ何?　怪しいオカルト?」とか言う人もいる（笑）。そんな人に一生懸命 P 気を送ってもガーンって撥ね付けられてなかなかうまく入らないことも多い。やっぱり心通じてない人にはスッとは入りにくいのが当たり前。せいぜい P 気がその人の頭上を通過するくらいかもしれない（笑）。通過するだけでもちょっとはお祓い効果あるけどね（笑）。ともかく何事も万能であることはあり得ない。だから良い本を作ってくださっても, 全ての読者がもろ手を挙げて良い評価してくれるとは限らないし, だからこそ, みんなが評価してくれなくても別に構わないって, 最初から開き直っといてね（笑）。

司会　届く人に届けば。

東　そうです。生きてる間に一人でも届いたら儲けもんや!

■ あとがき

　さて皆さん，われわれの学会ネームで出版いたしましたこの2冊本，おもしろく読んでいただけましたでしょうか。

　なにかとわれわれの学会やその領域は，「おもしろい」とか「キョウミをひかれる」とか「ミリョクがある」とか「効率的で効果的」とかをテーゼにしていると思われがちですが，1冊目の方で自分の得意領域を書いた人たちにそういった意識があったかというと，はなはだギモンです。こういったことはあくまで「魅せる」という個人能力に帰せられるもので，見た目われわれの手口がそういうふうにみえたとしても，それは2冊目に記されたように，いろんなトレーニングの賜物であったり，偶然の出会いの産物であったりするわけで，芸能人のように「魅せる」ための努力はそこには必要ないわけです。セラピーが効率的で効果的になるのも，あくまで結果であって，そこに狙いを定めてやっているのはごくごく少数派だと思います。というより狙ってもなかなかうまくいかない。それはセラピストのコンデションだったり，セラピー環境であったり，とりわけ，これは意外だと思えるかもしれませんが，クライエントや患者さんが抵抗を示さない＝素直すぎる場合もこの要因に入ります。これで失敗する場合もとても多く，そういった辛酸もセラピストである「私が育つ」要素になるでしょう。

　では，どのようにして私を育てていけばいいのでしょうか。

　もちろん最良の育て方はないわけで，僕がおススメするのは，とりあえず自分にあった手口を見つけることでしょうか。幸いこの本の1冊目には，半ば百花繚乱的にいろんな手口を紹介しています。これをご覧になった上で，ワークショップなどでお好きな手口に入っていくのもよし，先生を見つけて直接習っていくのもいいでしょう。2冊目にはそういった学習体験や新しい事をやっていくこと，ブリーフセラピーのケース検討がどんな具合になるのかなど，なるべくライブ感が出るように記述してあります。

　このあたり，どんな手口を入口にしていくかは嗅覚の世界で，「おもしろそう」くらいの感覚でやられた方が，「どうしてもこれをモノにしなければ」と気負うよりも，はるかにうまくいくと思います。組み立てに関しても同様で，楽しみながらご自分のセラピースタイルをつくっていくほうが，「これはこうしなければ」

とガチガチに学んでいくよりもいいかと。僕の場合，ミルトン・エリクソンの手
口を指向したのは，よく言われるようなそれが「すごい」とかいうことではなく
て，彼に関する記述（その時はすでに伝承になっていましたので）が非常に肌に
あったというかしっくりきたからで，それが今でも続いている感じです。大病を
したり，田舎町で開業したりと，人生そのものは似てきたのですが。

　兎にも角にも，この本が読者の皆様にとって，ブリーフセラピーとのよき出会
いとなるように切に願いつつ，本の締めとしたいと思います。

　どこかでまたお会いできますように。

謝　　辞

　この本の編集に携った，日本ブリーフサイコセラピー学会の編集委員の皆さん，
そして執筆陣の皆様，ほんとうにお疲れ様，ならびにありがとうございました。
とりわけ，何から何まで気を回し取り仕切っていただいた，松浦真澄さんに重ね
て感謝を捧げたいと思います。そして，本の企画段階から貴重なアドバイスをい
ただき，ご多忙中最速での出版を実現して頂いた，遠見書房の山内俊介社長にも
深く感謝いたします。これに懲りずにまた付き合ってくださいね（笑）。

出版ワーキングチームを代表して　中島　央

著者一覧（50 音順）

赤津　玲子（あかつれいこ：龍谷大学／京都ファミリールーム）

岡　留美子（おかるみこ：岡クリニック）

小関　哲郎（おぜきてつろう：宇佐病院／大分記念病院）

加来　洋一（かくよういち：長崎こども・女性・障害者支援センター）

木場　律志（きばただし：甲南女子大学）

黒沢　幸子（くろさわさちこ：目白大学／ KIDS カウンセリングシステム）

近藤　進（こんどうすすむ：藤川メディケアクリニック）

白木　孝二（しらきこうじ：Nagoya Connect & Share）

菅野　泰蔵（すがのたいぞう：東京カウンセリングセンター）

津川　秀夫（つがわひでお：吉備国際大学心理学部）

遠山　宜哉（とおやまのぶや：岩手県立大学）

中島　央（なかしまひさし：有明メンタルクリニック）

長沼　葉月（ながぬまはづき：東京都立大学）

長谷川明弘（はせがわあきひろ：東洋英和女学院大学／吉祥寺・三鷹カウンセリングセンター）

花屋　道子（はなやみちこ：東北文教大学）

東　豊（ひがしゆたか：龍谷大学）

久持　修（ひさもちおさむ：八巻心理オフィス）

安江　高子（やすえたかこ：関内カウンセリングオフィス）

八巻　秀（やまきしゅう：駒澤大学／ SY プラクティス）

編集協力者

石丸　雅貴（アキクリニック）　　　　　　木場　律志（甲南女子大学）

佐々木　誠（岩手大学）　　　　　　　　　田崎みどり（長崎純心大学）

田中　究（関内カウンセリングオフィス）　谷　英俊（川崎医科大学附属病院）

千葉　健司（こころとからだの元氣プラザ）寺田　和永（広島文教大学）

長沼　葉月（東京都立大学）　　　　　　　法澤　直子（長崎純心大学地域連携センター）

松島　淳（佐賀大学）　　　　　　　　　　安江　高子（関内カウンセリングオフィス）

横尾　晴香（東京都スクールカウンセラー）米田　一実（山口県立こころの医療センター）

編者　日本ブリーフサイコセラピー学会

出版ワーキングチーム
中島　　央（なかしまひさし：有明メンタルクリニック）
遠山　宜哉（とおやまのぶや：岩手県立大学）
津川　秀夫（つがわひでお：吉備国際大学心理学部）
児島　達美（こじまたつみ：KPCL）
菊池安希子（きくちあきこ：武蔵野大学）
久持　　修（ひさもちおさむ：やまき心理臨床オフィス）
松浦　真澄（まつうらますみ：東京理科大学教養教育研究院／医療法人社団こころとからだの
　　元氣プラザ産業保健部）

臨床力アップのコツ
——ブリーフセラピーの発想

2022 年 5 月 15 日　第 1 刷

編　　者　日本ブリーフサイコセラピー学会
発 行 人　山内俊介
発 行 所　遠見書房

〒 181-0002 東京都三鷹市牟礼 6-24-12
三鷹ナショナルコート 004
TEL 0422-26-6711　FAX 050-3488-3894
tomi@tomishobo.com　http://tomishobo.com

印刷・製本　太平印刷社

ドクトルきよしのこころ診療日誌
笑いと感謝と希望を紡ぐ
　　（長田クリニック院長）長田　清 著
心理療法を学び，悪戦苦闘・右往左往の
結果，理想の診療に近づいたドクターと，
患者さんたちの人生の物語からなる臨床
エッセイ。解決志向ブリーフセラピーと
内観で希望を紡ぐ。1,980 円，四六並

対人援助を心理職が変えていく
私たちの貢献と専門性を再考する
　　（臨床心理士・公認心理師）髙松真理著
臨床心理学の考えと心理職の実践は，精
神医療や福祉，教育にどう影響を与えて
きたのか。そして今後は？　本書は，「心
理職のプロフェッショナリズム」につい
てまとめた一書。2,200 円，A5 並

ACT マトリックスのエッセンシャルガイド
アクセプタンス＆コミットメント・セラピーを使う
　　　　　　　K・ポークら著／谷　晋二監訳
本書は，理解の難しい ACT 理論を平易
に解き明かし，実践に役立てられる 1 冊
で，誰でも明日から使える手引きとなっ
ている。15 種類のワークシートつき。
5,390 円，A5 並

世界一隅々まで書いた
認知行動療法・認知再構成法の本
　　　　　　　　　　　伊藤絵美著
本書は，認知再構成法についての 1 日
ワークショップをもとに書籍化したもの
で，ちゃんと学べる楽しく学べるをモッ
トーにまとめた 1 冊。今日から使える
ワークシートつき。3,080 円，A5 並

公認心理師の基礎と実践シリーズ
全 23 巻の電子版が読み放題！
全 23 巻（最新版）のすべてを，いつで
も，どこでも，さまざまなデバイス（PC，
タブレット，スマホ）で読める。検索可能。
各種試験大作に。1 年目 29,700 円，2
年目以降年額 11,000 円。https://ebook.
tomishobo.com/

超かんたん 自分でできる
人生の流れを変えるちょっと不思議な
サイコセラピー──P 循環の理論と方法
　　　　　　（龍谷大学教授）東　豊 著
心理カウンセラーとして 40 年以上の経
験を持つ東先生が書いた，世界一かんた
んな自分でできるサイコセラピー（心理
療法）の本。1,870 円，四六並

サイコセラピーは統合を希求する
生活の場という舞台での対人サービス
　　　　　　（帝京大学教授）元永拓郎著
著者の実践的臨床論。「密室」だけでは
なくなった心理臨床で，セラピストが目
指すべきサイコセラピーのあり方を「統
合」に見出す。心理療法／心理支援のあ
り方を問う必読書。3,080 円，A5 並

読んでわかる やって身につく
解決志向リハーサルブック
面接と対人援助の技術・基礎から上級まで
　　龍島秀広・阿部幸弘・相場幸子ほか著
解決志向アプローチの「超」入門書。わ
かりやすい解説＋盛り沢山のやってみる
系ワークで，1 人でも 2 人でも複数でも
リハーサルできる！ 2,420 円，四六並

ディスコースとしての心理療法
可能性を開く治療的会話
　　　　　　　　　　児島達美著
世界経済や社会傾向の変動のなかで，心
理療法のあり方は問われ続けている。本
書は，そんな心理療法の本質的な意味を
著者独特の軽妙な深淵さのなかで改めて
問う力作である。3,300 円，四六並

公認心理師の基礎と実践　全 23 巻
　　　　　　　野島一彦・繁桝算男 監修
公認心理師養成カリキュラム 23 単位の
コンセプトを醸成したテキスト・シリー
ズ。本邦心理学界の最高の研究者・実践
家が執筆。①公認心理師の職責〜㉓関係
行政論 まで心理職に必須の知識が身に
着く。各 2,200 円〜 3,080 円，A5 並

価格は税込みです

※心と社会の学術出版　遠見書房の本※

遠見書房

〈本書姉妹編〉

ブリーフセラピー入門
柔軟で効果的なアプローチに向けて

日本ブリーフサイコセラピー学会　著

3,080 円　A5 判　並製
C3011　ISBN978-4-86616-113-6

ちゃんと治るセラピーをはじめよう！

　本書『ブリーフセラピー入門』は，多様なアプローチからなるブリーフセラピーの基本と各種手法，現場ごとでの利用方法を詳しく解説したものです。医療・心理・福祉・教育など多くの現場で利用されているブリーフセラピーを知る最初の 1 冊としても，ベテランが新しい臨床を始めるときの手がかりとしても使える本となりました。

　無知の姿勢や解決志向，円環的因果論など，現在の対人支援の土台ともなっている考え方の多くは，ブリーフセラピーから生まれてきました。多くの援助者が利用でき，短期間に集結し，高い効果があることを目的にしたブリーフセラピーは，対人支援の当たり前の技術として世界で広まっています。このブリーフセラピーを知る最初の 1 冊として，この本は最適なものになっています。

著者関係者（50 音順）
同学会出版ワーキングチーム：中島　央・遠山宜哉・津川秀夫・児島達美・
　菊池安希子・久持　修・松浦真澄
著者一覧：市井雅哉・市橋香代・伊藤　拓・衣斐哲臣・上地明彦・植村太郎・
　大多和二郎・大野裕史・金丸慣美・菊池安希子・児島達美・相模健人・
　坂本真佐哉・田崎みどり・田中　究・田中ひな子・津川秀夫・富田敏也・
　中島　央・長沼葉月・野坂達志・長谷川直実・松浦真澄・山田秀世・
　吉川　悟

価格は税込みです